dtv

Kochen ist weit mehr als ein Akt der Nahrungszubereitung: Es ist ein gesellschaftliches Ritual. Wer gut kocht, zeigt Stilbewusstsein und Kreativität. Wer ungewöhnliche Rezepte kennt, macht Eindruck bei Kollegen und Vorgesetzten. Wer witzige Menüs zubereitet, ist mutmaßlich auch gut im Bett. So einfach ist das – oder eben auch nicht. Arno Makowsky erzählt von eigenen und fremden Siegen und Niederlagen an der Küchenfront, die manchmal geradezu tragische Dimension annehmen. Mit feiner Ironie spürt er all den Phänomenen nach, bei denen die Leidenschaft fürs Kochen ihre komischen Seiten entfaltet: seltsamen Ritualen beim Grillen, Besonderheiten des Männer-Kochens und den Risiken beim Kochen mit Kindern. Verschwiegen werden auch nicht der Generationenkonflikt am Herd und die Qual, mit Designer-Werkzeug hantieren zu müssen.

Arno Makowsky, geboren 1961, arbeitet als leitender Redakteur bei der ›Süddeutschen Zeitung‹. Er spart nicht mit amüsanten Polemiken gegen die Nouvelle Cuisine und tiefsinnigen Betrachtungen über das Wesen der Spaghettisauce und verrät einige Rezepte, die das Leben der Leser nachhaltig verändern werden.

Arno Makowsky

Kochen

Kleine Philosophie der Passionen

Deutscher Taschenbuch Verlag

Originalausgabe
Juni 2001

www.dtv.de

Umschlagkonzept: Balk & Brumshagen
Umschlagbild: © Alfons Holtgreve
Satz: Design-Typo-Print GmbH, Ismaning
Gesetzt aus der Bodoni Book 12/14 Punkt (QuarkXPress 4.1.1 Mac)
Druck und Bindung: Druckerei C. H. Beck, Nördlingen
Gedruckt auf säurefreiem, chlorfrei gebleichtem Papier
Printed in Germany · ISBN 3-423-20455-9

Inhalt

Amuse-Gueule: Kochen ist mehr als Kochen

Kochen? Klar. Claudias Lammbraten mit Oliven ist bei ihren Freundinnen weltberühmt. Wenn Peter die Salzkruste seiner Lachsforelle mit einem Hammer knackt, brechen die Gäste in Freudengeheul aus. Andrea kocht neuerdings ayurvedisch. Und Georg verwendet selbstverständlich nur superfrische Zutaten, weil es auf die nämlich besonders ankommt! Sagt auch Wolfram Siebeck.

Alle meine Freunde kochen – ich übrigens auch. Alle haben tausend Kochbücher, alle kaufen sich ständig die absurdesten Kochgeräte, alle laden sich gegenseitig zu ausschweifenden Abendessen ein, die mal mehr und mal weniger erfolgreich verlaufen. Längst ist Kochen nicht mehr bloße Nahrungszubereitung, sondern ein gesellschaftliches Ritual: Wer gut kocht, strahlt Stilbewusstsein und Kreativität aus. Wer ungewöhnliche Rezepte kennt, macht Eindruck bei Kollegen und Vorgesetzten. Wer witzige Menüs zubereitet, ist mutmaßlich auch gut im Bett.

Es ist also längst überfällig, dass der einschlägigen Rezepte-Prosa der philosophische Überbau verpasst wird: Was ist das Wesen der Spaghettisauce? Was steckt hinter dem Wahn, sich immer neue Designerpfannen zu kaufen? Und warum können Männer keine Bratkartoffeln machen?

Die Geschichten dieses Buches spüren vor allem solchen Phänomenen nach, in denen die Leidenschaft fürs

Kochen ihre tragikomischen Seiten entfaltet. Und von denen gibt es genug, das weiß jeder, der mit Freizeitköchen zu tun hat – oder womöglich selbst einer ist. Vielleicht macht diese ›Kleine Philosophie‹ aber auch manchen Nicht-Köchen ein bisschen Lust, es einmal auszuprobieren. Zum Virtuosen am Herd muss man es nicht bringen, denn darauf kommt es nicht an. Viel wichtiger als Perfektion ist der Spaß an der Kocherei. Dafür ist, neben vielen anderen, der Autor dieses Buches ein gutes Beispiel.

Eine Leidenschaft fürs Leben

Mit den Künsten ist es so eine Sache. Wann hört man eigentlich zum ersten Mal aktiv Musik? Wann nimmt man zum ersten Mal die Schönheit eines Gemäldes wahr? Und welches Buch ist das erste im Leben, das wirklich Eindruck hinterlässt? Niemand kann diese Fragen wohl mit Bestimmtheit beantworten – es gibt nur ein paar Erinnerungen in der Art: ›Karlsson auf dem Dach‹ habe ich als Achtjähriger geliebt. Welcher Beatles-Song war mein erster, wann habe ich damit begonnen, Platten zu sammeln? Keine Ahnung. Es ist das Wesen der Kunst, dass sie keinen Anfang und kein Ende hat. Dass sie sich unseres Lebens bemächtigt, unbemerkt, und nie wieder verschwindet. Genauso ist es mit dem Kochen.

Ähnlich wie bei der Musik liegen die Anfänge auch beim Kochen oft in den niedrigeren Regionen. Ich erinnere mich an erste Versuche als Vierzehnjähriger in der elterlichen Küche anlässlich einer der beliebten Partys (Eltern weg, Freunde da, Abba läuft). Es sollte Toast Hawaii geben, und ich hatte alles für dieses anspruchsvolle Unternehmen eingekauft: Toastbrot, Schinken, Ananas, kandierte Kirschen sowie die guten »Scheibletten« aus Schmelzkäse. Leider ließ ich alles etwas zu lange im Ofen – vermutlich spielten wir Flaschendrehen im Wohnzimmer –, so dass die Toasts Hawaii kein großer Erfolg wurden: Das Brot war am Rand schwarz, die Ananasscheiben ausgetrocknet, darüber lag der Käse als dunkelgelbe Betonplatte. Einige unerschrockene Jungs probierten es trotzdem und die Mädchen pickten sich, immerhin, die roten Kirschen von den Toasts herunter.

Was die Kochkunst betraf, beschloss ich daraufhin, es mit weniger raffinierten Rezepten zu probieren. In den folgenden Jahren gab es bei passenden Gelegenheiten deshalb konsequent nur ein Gericht: Spaghetti. Zunächst ausschließlich mit Tomatensoße, beziehungsweise als Miracoli-Fertiggericht. Wer behauptet, Spaghettikochen sei einfach, hat natürlich keine Ahnung. Man kann dabei eine Menge falsch machen: die Nudeln zu kurz oder zu lange kochen, sie nach dem Abgießen verkleben und anbrennen lassen, sie mit zu viel Oregano ungenießbar machen und so weiter. Es ist nur so: Wer als Sechzehnjähriger für seine Freunde Spaghetti kocht, dem ist nichts so unwichtig wie das perfekte Gelingen der Nudeln. Wichtig ist: Bleibt Christine aus der 10b noch da? Was sagt Klaus, wenn Julia erfährt, dass Peter gesagt hat, dass ich mit Katrin am Freitag ins Kino gehen will? Wo zum Teufel ist das Tomatenmark? Das sind so die Gedanken beim Spaghettikochen – und deshalb ist dieses Gericht weniger ein Gericht als vielmehr ein Lebensgefühl: die Sättigungsbeilage auf dem Weg zum Erwachsenwerden.

Um noch kurz bei den Nudeln zu verweilen: Einige Jahre später – es war zu Beginn der Achtziger in den Zeiten der Neuen Deutschen Welle – gewann ein italienisches Spaghettirezept schlagartig an Bedeutung, von dem in Deutschland bis dato kaum jemand Notiz genommen hatte: Spaghetti Carbonara. Das lag an einer deutschen Rockband namens Spliff und ihrem Lied »Carbonara«. Auf jeder Party und erst recht bei jeder Essenseinladung erscholl der Schlachtruf: »Spaghetti

Carbonaaaara e una Coca Cola.« Stets gefolgt von der unvergesslichen Zeile: »Amaretto ist ein geiles Zeug, ich bin schon lull und lall.« Legionen von Schülern und Studenten schütteten daraufhin Eier und Sahne und gebratenen Speck über ihre Nudeln und tranken dazu Cola, anschließend Amaretto. Für viele sollte das die ausgefallenste Kochleistung ihres Lebens bleiben.

Nicht so für mich und einige meiner Freunde, die wir uns intuitiv zu Höherem berufen fühlten. Allerdings dauerte es einige Zeit, bis sich die Berufung deutlich zu Wort meldete; es bedurfte eines Erweckungserlebnisses, um die Leidenschaft zu entfachen. In meinem Fall war das eine Urlaubsreise mit fünf Kommilitonen in die Bretagne, wo wir zwei Wochen lang ein Ferienhaus gemietet hatten. Weil es meistens regnete, spielten wir den ganzen Tag entweder Tischfußball oder lasen. Irgendeine glückliche Fügung hatte dafür gesorgt, dass für letzteres Bedürfnis unter anderem ein Buch von Wolfram Siebeck bereitlag. Nun war ein Mensch wie Siebeck, der jeden Donnerstag eine Fresskolumne für die ›Zeit‹ (dem Lieblingsblatt aller Sozialkundelehrer) schreibt, für uns die Ausgeburt an Spießigkeit. Natürlich ohne jemals eine Zeile von ihm gelesen zu haben. Trotzdem warf ich kurz einen Blick in das Buch – es heißt ›Kochen bis aufs Messer‹ – und war sofort begeistert: Mit welchem Witz und welcher enormen Besessenheit der Mann über Bratpfannen, Schalotten und Parmesanmühlen doziert, dabei die deutsche Esskultur beschimpft und nebenher ein Rezept für Rehragout mit Apfelgratin einfließen lässt – das beeindruckte mich schwer.

Von dem Tag an versuchte ich mit wechselndem Erfolg, die Siebeck-Rezepte aus dem Buch nachzukochen, schlenderte tagsüber mit dem Regenschirm über die bretonischen Märkte, um Gemüse (»Wirsing ist enorm unterschätzt«) oder ein ordentliches Huhn (»Bresse-Hühner sind für ihren Wohlgeschmack bekannt«) aufzutreiben. Die Urlaubsfreunde waren glücklich, dass sie nun nicht mehr im wechselnden Tagesrhythmus Spaghetti herstellen mussten, sondern mal einen Coq au Vin, mal eine (wenn auch versalzene) Fischsuppe aufgetischt bekamen.

Es muss in diesen Tagen gewesen sein, als mir zum ersten Mal auffiel, dass Kochen eine ganze Menge mit Hochstapelei zu tun hat, und dass schon geringe Erfolge einen deutlichen Prestigegewinn mit sich bringen. »Hey, wie hast du das so toll hingekriegt?«, fragen die Gäste schon nach einem halbwegs gelungenen Essen; in diesem Fall ist es empfehlenswert, sich möglichst wortkarg zu geben, inspiriert zu lächeln und damit den Anschein des talentierten Kreativlings zu erwecken. Dabei ist es ja ganz einfach: Man muss nur alles so ähnlich machen, wie es im Rezept steht – zusätzlich notwendig sind ein Schuss gesunder Menschenverstand (um die oft idiotischen Marotten der Rezeptautoren zu erkennen) und eine anständige Prise Phantasie.

Es dauerte ein paar Jahre, bis die Siebeck-Phase in meinem Leben als Freizeitkoch überwunden war. Siebeck und die Gurus der Neuen Küche propagierten einen Stil, der gut in die exzentrischen Achtziger passte: Alles verfeinerten sie bis ins Letzte, sämtliche Zutaten wurden möglichst glaciert, flambiert oder gleich püriert und mit Sahne aufgemixt. Das ist eine Weile ganz spannend, aber auf die Dauer gingen mir all die Jakobsmuscheln in Safransauce und vorsichtig angedünsteten

Lauchstreifen und Crème-fraîche-Orgien auf die Nerven; es war einfach zu extravagant, zu überambitioniert. Wer einmal ein kompliziertes Nouvelle-Cuisine-Menü gekocht (und gegessen) hat, bekommt umgehend Lust auf eine fette bayerische Schweinshaxe mit Kruste oder auf Bratkartoffeln mit Spiegelei.

Welche Phasen danach kamen? Eine ganze Menge. In der Kochkunst wechseln die Trends mindestens so oft wie in der Musik, in der Malerei oder bei den Längen der Röcke. Ich machte jeden mit. So bekam ich (wie jeder, der gerne in der Küche steht) von Freunden irgendwann einen Wok geschenkt; das war die große Zeit der pseudo-asiatischen Köchelei, die im Moment gerade eine Renaissance erlebt.

Das Interessante dabei war weniger das Kochen selbst – im Grunde musste man nur alle Zutaten kleinschnippeln, in den Wok werfen und eine süß-saure Pampe aus dem Asienshop darübergießen. Wichtiger war das Ambiente, die Deko, das Feeling. An manchen Abenden, wenn Bekannte zum chinesischen Essen kamen, glich meine kleine Wohnung einer mit Räucherstäbchen vernebelten Höhle, in der goldene Buddhas aus Papier und bunte Girlanden an den Wänden hingen und die Gäste auf Kissen auf dem Boden saßen. Natürlich aßen wir mit Stäbchen und tranken dazu warmen Sake.

Merkwürdig – plötzlich war die Asien-Begeisterung weg, so schnell, wie sie aufgetaucht war. Stattdessen begann meine ganz persönliche Geflügel-Ära. Ausgehend von Klassikern wie Coq au Vin und Ente mit Orangen probierte ich alles aus, was sich mit Hühnchen und dergleichen Federtier anstellen ließ: Ich marinierte sie mit

Zitronensaft oder pinselte sie mit Chili ein oder füllte sie mit Backpflaumen und Datteln, goss Bier in den Fond oder Weißwein und schmorte sie mit Auberginen, Tomaten, Oliven oder Ingwerscheiben – um nur einige wenige Beispiele zu nennen. Mein Mitbewohner in unserer WG im Münchner Norden sowie meine damalige Freundin goutierten die Geflügel-Offensive anfänglich; erst als ich eines Tages mehrere Wachteln anschleppte, meuterten sie: »Wer Wachteln isst, muss ein schlechter Mensch sein!« Obwohl das natürlich Blödsinn ist, lenkte ich ein und versprach, mich in Zukunft auf normalgroße Vögel zu konzentrieren. Das Wachtel-Menü schmeckte übrigens ausgezeichnet. Allen.

Es gäbe noch von vielen weiteren Koch-Vorlieben zu berichten, die sich im Laufe der Jahre entwickelt haben – unter anderem von der Raclette- und Fondue-Zeit, von Ausschweifungen mit französischen Fischrezepten, von vegetarischen Experimenten und Erfahrungen mit neobayerischer Regionalbraterei, ganz abgesehen von der Phase der Ayurveda-angehauchten Tandoori- und Curry-Spezialitäten.

Was noch alles kommt? Mal sehen. Im Moment liebe ich den mediterranen Stil, koche mal einen Oktopus im Kräutersud oder schmore Lammfleisch mit Thymian und Knoblauch und brate dazu Rosmarinkartoffeln.

Aber wer weiß, vielleicht beginnt morgen wieder eine ganz neue Phase …

Urlaubsmenü – total authentisch

Ich hatte es schon befürchtet, als Klaus anrief und mir von seiner Urlaubsreise nach Vietnam berichtete, von der er gerade zurückgekehrt war. »Mensch, ich sag dir, tolle Sachen zum Kochen hab ich dir mitgebracht!« Natürlich. Es ist immer das Gleiche: Wer, wie ich, in seinem Bekanntenkreis als Freizeitkoch berüchtigt ist, bekommt aus aller Welt großartige, möglichst exotische Zutaten mitgebracht. Halbverfaulte Kokosnüsse aus Thailand zum Beispiel, schlaffe Zuchiniblüten aus Kreta, unreife Limonen aus der Karibik, steinharte Babybananen, ungenießbare Trockenfrüchte und Paranüsse, die nach Seife schmecken.

Manche Freunde bringen auch völlig normale Tomaten oder Gurken mit, die zwar etwas wässriger sind als jene vom Tengelmann in Schwabing, aber dafür vom Markt in Houmt Souk auf Djerba stammen. Und erst die Gewürze! Wir haben in unserem Haushalt etwa 37 dekorative Plastiksäckchen mit Curry, Kreuzkümmel, Senfkörnern, Koriander, Kardamom, Oregano, toskanischen Mischungen und indischen Wunderkräutern. Von Zeit zu Zeit werfe ich unauffällig ein paar davon weg.

Klaus sagt enthusiastisch: »Weißt du was? Wir kochen am Samstag vietnamesisch. Bei dir. Ich bring alles mit, okay? Sogar eine super Kokosnuss aus Saigon. Und tausend Gewürze – kannst du dann behalten!« O Gott, bitte nicht. Ich sage: »Ist ja toll, ich freu mich schon!«

Das stimmt übrigens wirklich, irgendwie jedenfalls, auch wenn sich die Kokosnuss womöglich schon schwärzlich verfärbt hat. Es ist ja wahr: Mir geht es nicht anders, wenn ich von einer Reise zurückkehre. Dann muss möglichst bald mit möglichst vielen Freunden ein Menü aus der Urlaubsregion zelebriert werden. Dabei gilt: Je authentischer alles ist, desto besser. Also möglichst viele Lebensmittel noch am letzten Urlaubstag einkaufen, wenn's geht auf dem lokalen Markt, schlimmstenfalls ist auch der Flughafen-Shop in Ordnung. Ganz wichtig sind die entsprechenden Weine der Region, deren Verkostung in der Heimat immer gleich abläuft: »Aaaah, großartig«, ruft nach dem ersten Schluck der Urlauber aus – und sitzt in Gedanken in der Taverne am Strand oder in der Bar auf der Piazza, sonnig und gut gelaunt. »Wrrrrrrgh, sauer«, denkt der Gast, läßt sich aber nichts anmerken, sondern sagt taktvoll: »Toller Wein! So … ursprünglich!«

Ähnlich verhält es sich beim Urlaubs-Essen, dessen Geschmack stark von den damit zusammenhängenden Erinnerungen beeinflusst wird – was aber leider nur bei den Mit-Essern funktioniert, die diese Erinnerungen teilen. Zum Beispiel an einen Abend in einem kreolischen Restaurant auf Grenada, an die exotischen Gerüche, die aus der Küche drangen, an das Lachen der Kinder auf der Straße und das Geschrei der Möwen unten am Hafen. Und natürlich an das Westindische Fischcurry, das an diesem Abend von einer ebenso freundlichen wie hübschen Kellnerin serviert wurde und das so unvergleichlich nach Ingwer duftete.

Der Tag, an dem ich den Westindischen Fischcurry zu Hause in München nachkochen will, verläuft zunächst nicht ganz so romantisch. Es regnet und ist saukalt, und draußen schreien keine Möwen am Strand, sondern Autos lärmen vorbei. Ich bin trotzdem bester Dinge; schließlich habe ich noch in St. George das Handbuch ›Classic Caribbean‹ erstanden, in dem alle wichtigen Originalrezepte der Region enthalten sind. Also nichts wie ran!

Die Probleme beginnen beim Einkaufen der Zutaten. Um zum Markt zu gehen, ist es wieder mal zu spät – also schnell zum Tengelmann um die Ecke. Aber der hat keinen Ingwer; also schön, nehmen wir halt Knoblauch, der ist auch scharf. Kokosöl, das im Rezept verlangt wird, gibt es ebenfalls nicht. Soll ich stattdessen vielleicht Traubenkernöl nehmen? Kostet etwa doppelt so viel wie Sonnenblumenöl. Ich entscheide mich für letzteres. Was noch? »Ungesüßte konzentrierte Kokoscreme.« Na prima. Beim Tengelmann! Im Müsliregal stehen immerhin geraspelte Kokosflocken. Vielleicht, so kalkuliere ich, kann man die ja mit Sahne aufmixen, das müsste so ähnlich schmecken wie echte Kokoscreme. Statt der Seeteufelfilets kann man sicher auch Heilbutt nehmen. Aber wo zum Teufel bekomme ich Fenchelsamen und Koriandergrün her? Egal, Petersilie und Kümmel sind schon okay.

Wie der karibische Fischcurry gelang? Nun, mir schmeckte er ausgezeichnet. Ich dachte während des Essens daran, wie die Sonne hinter der Silhouette von Cariacou im Meer versinkt und an die Delfine, die auf dem Weg zu dieser kleinen Insel die Schiffe begleiten und immer wieder aus dem Wasser springen.

Meine Gäste lassen sich diese Geschichten gerne erzählen, es sind höfliche Menschen. Und was das Essen betrifft, sagen sie in solchen Fällen: »Schmeckt hochinteressant. Irgendwie ... so anders.«

Konkrete Poesie in der Küche

Manchmal frage ich mich, wie lange das noch gut gehen kann. Jedes Mal, wenn ich ein neues Buch ins Regal stelle, biegt sich das Holz bedenklich nach unten; inzwischen sind die schweren Bände schon an der Seite angeordnet und die leichten in der Mitte. Lange kann es jedenfalls nicht mehr dauern, und dann macht es peng, und meine grandiose Bibliothek kracht zusammen.

Bibliothek? Nun, um ehrlich zu sein: Ich spreche nicht von Goethe und Walser und Jelinek. Ich spreche von ›Echt griechisch kochen‹ und ›Französiche Spezialitäten‹ und ›Nitayas Thai-Küche‹. Okay, in unserer Wohnung stehen auch noch ein paar Zentner Bücher, die keine Rezepte enthalten. Aber kein anderes Bücherregal wird so oft frequentiert wie jenes mit den Kochbüchern; stolz lasse ich den Blick schweifen über all die Bände mit so tiefsinnigen Titeln wie ›Das große Backvergnügen‹ oder ›Dr. Oetkers Kochschule‹, greife hier ein Exemplar heraus, blättere dort ein bisschen herum. Gibt es an Feierabenden eine entspannendere, inspirierendere Tätigkeit, als die Anleitung für ein Zitronenhühnchen in Weißweinsauce zu studieren?

Kulturkritiker beklagen regelmäßig, die Menschen würden Literatur nur konsumieren, seien auf billige Effekte aus, würden Bücher als Flucht aus dem Alltag benutzen. Bei mir und meiner Kochbuchsammlung ist das Gegenteil der Fall: Ich lebe mit dieser Art von Büchern in innigster Beziehung, und es gibt nichts Gedrucktes,

was mich intensiver das wahre Leben spüren lässt, als die konkrete Poesie eines Kochrezepts: »Die Auberginen waschen, der Länge nach einritzen, salzen und 1 Std. stehen lassen. Gut spülen, abtropfen lassen und in reichlich Öl braten.« Das ist purer Realismus und zugleich von einer Rätselhaftigkeit durchzogen, wie sie nur großer Literatur eigen ist. Soll man die Auberginen etwa im Ganzen salzen und braten? Oder muss man den Begriff »einritzen« womöglich durch »aufschneiden« ersetzen? Liegt ein Übersetzungsfehler aus dem Griechischen vor? Gerade Kochbücher, die aus Urlaubsländern mitgebracht wurden, sind immer wieder eine große intellektuelle Herausforderung.

Trotzdem bleibt die Frage, die mir immer wieder von Freunden und ignoranten Familienmitgliedern gestellt wird: Warum müssen es so viele sein? Reicht nicht *ein* französisches Kochbuch, in dem alle berühmten Rezepte wie Coq au Vin oder Bouillabaisse aufgeführt sind? Warum brauche ich sieben davon, von denen jedes das Rezept für Coq au Vin und Bouillabaisse enthält? Nun, die Frage ist ungefähr so intelligent wie jene, warum es mehrere Bücher über Liebe und mehrere über Schmerz und Verzweiflung gibt. Natürlich ist jede Fischsuppe eine Welt für sich, und natürlich gibt es unzählige Fischsuppenrezepte, die dieser wunderbaren Vielfalt gerecht werden, auch wenn sie sich nur in Nuancen unterscheiden.

Wie viele Leidenschaften werden in der Literatur beschworen, wie oft besingen Dichter die Schönheit von Frauen? Sind die ›Leiden des jungen Werther‹ überflüssig, weil es schon ›Romeo und Julia‹ gibt? Auch die

Spaghettisauce ist anbetungswürdig. Wie anmutig und heiter erscheint ihr Wesen, wenn sie sich jungfräulich mit dem Basilikum vermählt; wie dunkel und schwer legt sie sich auf die Pasta, wenn sie mit Rotwein angereichert und mit schwarzen Oliven versetzt wurde. Kochbuchautoren sind in Wahrheit echte Gefühlsprosaiker, auch wenn ihre Formulierungen scheinbar unprätentiössachlich daherkommen: »Tiefgekühlten Fasan erst auftauen lassen, unter kaltem Wasser abspülen …« Das ist Verdichtung auf das Wesentliche, wie sie nur große Autoren zustande bringen.

Ich bin mir nicht sicher, ob es bereits Dissertationen über die Vielfalt der Kochliteratur gibt; ein lohnendes Gebiet ist es auf jeden Fall. Fest steht, dass sich beispielsweise der opulente Bildband ›Frankreichs Küche‹ vom eher serviceorientierten ›Die 100 besten Spaghettirezepte‹ unterscheidet wie Hölderlin von Hera Lind. Tiefe Gefühle, an Raserei grenzende Leidenschaft (für Felsenaustern und Foie gras) hier, routinierte Spannung (auf das Gelingen der Spaghetti alla carbonara) dort. Beides ist okay, jedes zu seiner Zeit gefragt.

Im Grunde gibt es nur eine Minimalanforderung, die ein Kochbuch erfüllen muss: Die Leserin oder der Leser sollte während der Lektüre Lust darauf bekommen, sich sofort selbst an den Herd zu stellen und das gerade Gelesene nachzukochen. Wobei es keineswegs notwendig ist, es wirklich zu tun. Es kommt nur darauf an, dieses oder jenes Rezept zu erfühlen, jeden Handgriff in Gedanken nachzuvollziehen. Es geht dem Leser hier vielleicht ein wenig wie Gregorius, der Hauptperson aus Thomas Manns Roman ›Der Erwählte‹: Der träumt als Kind davon, ein Ritter zu werden. Und obwohl er noch nie auf einem Pferd gesessen ist, fühlt er alles Ritterliche vollkommen in sich – wie er »den eigenen Schild zum Hals erhoben, den Speerschaft unter den Arm geschlagen und das Ross gespornt hätte …« Ja, in Gedanken die Karotten zu schnippeln, die Sauce einzuköcheln, die Muscheln in den Sud zu kippen, die Gans zu füllen, den Braten zu übergießen – vielleicht ist das die größte, kompromissloseste Form des Kochens.

Nur für wirkliche Anfänger empfehlen sich übrigens Bücher à la ›Die große Kochschule‹, in denen sämtliche Rezepte in Einzelschritten dokumentiert werden. Diese Fotos töten die eigene Kreativität. Denn nie gelingt einem selbst das Anbraten des Zanderfilets oder das Dünsten der Artischocken ebenso herrlich dekorativ wie den so genannten Food-Fotografen. Das ist kein Wunder. Man muss dazu nur wissen, dass in den professionellen Kochstudios die Gerichte vor dem Fotografieren niemals richtig gekocht werden, weil sie sonst ihre knackige Farbe verlieren würden. Und dass die Kamerakünstler mit allerhand Tricks operieren, zum Beispiel eine Sauce mit WC-Reiniger anreichern, damit sie schaumiger wird, oder das Huhn mit Färbemittel für blonde Strähnchen aus dem Friseursalon bepinseln. Klingt eklig, sieht aber super aus. Und stürzt den Freizeitkoch in die Krise, weil sein eigenes Huhn nicht so appetitlich knusperbraun wie auf dem Bild ausschaut. Wer weiß schon, dass die meisten Food-Fotografen ihre herrlichen, aber leider ungenießbaren Gerichte nach dem Shooting herzlos in die Tonne kippen.

Eine andere Marotte der Kochbuchverlage sind jene Irrsinns-Folianten, in denen das Küchenleben irgend-

welcher berühmter historischer Persönlichkeiten beschrieben wird. ›Essen mit Napoleon‹ heißen sie beispielsweise, oder ›Speisen wie ein König‹ (es geht um den durchgeknallten Ludwig II. von Bayern) oder ›Zu Gast bei Claude Monet‹. In letzterem erfährt der geneigte Leser, dass es bei Malers zu Hause in Giverny öfter mal Gänseleberpastete gegeben hat oder gefüllten Kapaun. Will ich das wissen? Nicht wirklich. Es ist nun mal nicht von Belang, ob Monsieur Monet, bevor er zum Pinseln raus an den Seerosenteich ging, noch schnell ein paar pochierte Eier »Lyonnais« verdrückte oder womöglich ein Huhn in Aspik. Oder ob der Geheimrat, wenn er mit der Iphigenie nicht recht weiterkam, von seinem Lieblingsgericht »Wildschwein mit Kirschen« geträumt hat. (Spannender wäre schon zu erfahren, ob er, wenn Freund Schiller vorbeischaute, schnell ein paar Spaghetti in den Topf warf, während Friedrich die Tomaten enthäutete und die Zwiebeln schnitt.)

Nun hat aber – und das ist leider das grundsätzliche Problem dieser Art von Kochbüchern – ein Huhn in Aspik zu Goethes oder Monets Zeiten nicht sonderlich anders geschmeckt als heute – und wenn, dann vermutlich weniger gut. Schließlich bekam man damals auch in Frankreich nicht jederzeit frische Zutaten, die Hausfrauen kochten üblicherweise das schönste Gemüse zu Pampe, und der Heißluftherd war auch noch nicht erfunden. Die ausführlichen Rezepte in diesen Büchern haben also mit der zeitgenössischen Art der Zubereitung ungefähr so viel zu tun wie die Gemälde der Impressionisten mit den Kunst-Arrangements von Jeff Koons.

Natürlich muss aber jeder selbst entscheiden, welche Literatur er bevorzugt. Und, vor allem, welches Buch seine Kreativität am besten beflügelt. Nur Anfänger kochen streng nach Rezept; ambitioniertere Köchler lassen sich davon bestenfalls inspirieren, variieren Bekanntes und entdecken Neues. Bei mir beispielsweise läuft das so: Fünf Kochbücher liegen nebeneinander auf dem Küchentisch; mal tendiere ich zu Garnelen-Curry mit Okraschoten, mal erschnüffle ich im Geiste einen lauwarmen Oktopus auf Selleriegemüse. Und dann koche ich immer ein Hühnchen in Rotwein.

Kochen ist Krieg

Es ist zum Verzweifeln. Diese Banausen! Null Ahnung von großer Küche, null Gespür für ausgefallene Rezepte, null Menü-Kultur! Ich hätte es wissen müssen. Man kann mit Elke, Peter und Katrin ganz ausgezeichnet Badminton spielen. Oder den neuen Film von Woody Allen anschauen. Oder sich über Schnorcheln in Sharm el Sheik unterhalten. Aber man kann sie nicht zum Essen einladen, das steht endgültig fest.

Schon die Begrüßung. Es klingelt. Ich stürze in der Kochschürze zur Tür, keine Zeit jetzt, auf dem Herd brodeln drei Töpfe; in einem wallt gerade der selbst gemachte Nudelteig, aus dem später die Cannelloni für die zweite Vorspeise entstehen sollen – man weiß ja, dieser Teig darf höchstens 45 Sekunden im Salzwasser kochen, sonst schmecken die Cannelloni nachher wie Schuhsohlen. Im zweiten Topf harrt der Fischfond meiner Kreativität, um zu einer Basis für die Forellencremesuppe verwandelt zu werden, während im dritten die Zucchini gerade ihrem optimalen Biss entgegenköcheln. Im Backrohr, wo das Hühnchen eben noch im Rotwein liebliche Schmorgeräusche von sich gab, kündigt sich durch Puffen und Zischen der Moment des Eingreifens an, als Elke, Peter und Katrin langsam die Treppe rauflatschen.

Ich kalkuliere: Wenn das Timing klappt, könnte es in etwa einer Stunde die Forellencremesuppe mit den gerösteten Brotwürfeln geben, in einer weiteren dreiviertel Stunde dann die Cannelloni – vorausgesetzt, diese wun-

derbare Fleischfüllung mit Parmesan und Mozzarella hat dann schon die richtige Konsistenz. Ja, und das Hauptgericht wäre fertig um … »Wann gibt's was zu essen?«, fragt Peter zur Begrüßung. »Mach bloß keine Umstände«, sagt Katrin mit leicht genervter Stimme. Jaja, erwidere ich, setzt euch doch bitte schon mal ins Wohnzimmer und trinkt einen Schluck. Gut, dass die Gemahlin eine brillante Unterhalterin ist und weiß, wie man Gäste stundenlang bei Laune hält.

Wann, wann, wann? Wenn ich diese Frage schon höre, wird mir schlecht. Warum gehen diese Menschen nicht zu McDonald's? Keine Umstände machen! Ich schalte die Zucchini runter, jongliere gleichzeitig die Cannelloni-Teigblätter zum Abschrecken unters kalte Wasser und gieße einen Hauch Weißwein in den Fischfond. Hoffentlich amüsieren sie sich gut und kommen nicht auf die Idee, mir in die Küche zu folgen. Denn eines ist klar: Die Küche gehört dem Koch und sonst niemandem. Neugierige Nasen, die pseudo-interessiert das Gemüse- und Kartoffelschalen-Chaos auf dem Tisch inspizieren, womöglich in Töpfe schauen (»Hmmm, was brutzelt denn da?«) oder die lieben Gewohnheiten des Kochs kommentieren (»Trinkst schon mal einen Rotwein«), zerstören die heilige Aura einer Küche, in der kreativ gearbeitet wird.

Im Grunde wäre es mir als Koch ohnehin lieber, wenn so ein wunderbarer Abend zwischen all den vertrauten Schüsseln und Brettern, den lieblichen Messern und Sieben nicht immer unterbrochen werden müsste, um die Mahlzeiten zu servieren und aufzuessen. Aber da es denn sein muss – auszuhalten ist es überhaupt nur mit solchen Gästen, die jeden einzelnen Gang in angemessener Form würdigen, das heißt, mit Interesse und Sachverstand gezielte und intelligente Fragen stellen (»Nimmst du für das Orangen-Parfait lieber Old-English oder Sevilla-Marmelade?«) und nicht in stilloses, weil völlig übertriebenes Freudengeheul ausbrechen. Oder – noch schlimmer – wie Peter ein erstauntes Gesicht aufsetzen und sagen: »Schmeckt ganz okay. Aber für das bisschen Forellencremesuppe brauchst du drei Stunden?« Und wie Katrin betont witzig ergänzen: »Bis der nächste Gang kommt, können wir ja schon mal ein Grillhähnchen vom Wienerwald holen.«

Natürlich hätte ich wissen müssen, dass es an diesem Abend völlig unerheblich sein würde, ob das Hühnchen in einem Beaujolais oder einem Côte du Rhone zubereitet wird und ob am Ende ein wenig Cognac oder etwas Anisschnaps die Sauce verfeinert. Aber was soll's. Für uns Eingeweihte sind die Gäste ohnehin zweitrangig. Wahre Künstler versteht eben niemand. Kein Unkundiger kann die Dramatik jener Momente nachvollziehen, in denen auf überfülltem Herd alles auf einmal gehen muss: Wenn gleichzeitig die Sauce gerührt, die Kartoffeln gewendet, das Fleisch bepinselt, die Suppe abgeschmeckt werden muss, während die Teller schon warm stehen. Wenn's brodelt und bollert und qualmt und zischt. Angreifen! An allen Fronten! Ja, Kochen ist Krieg und der Koch ein Feldherr.

Die anderen sehen nachher nur das Schlachtfeld. Das Grauen. Die Legionen von Tellern, Schüsseln und Gläsern. Soßenverschmiert, angeschlagen, gefallen. Gleich werden Elke, Peter und Katrin einen Blick in die Küche werfen und sagen: »Um Gottes willen, das ist ja furchtbar.«

Mir wird es egal sein. Denn erstens haben wir eine Spülmaschine, die zu Höchstleistungen fähig ist, und zweitens wiegen alle Qualen des Aufräumens nichts gegen die Befriedigung, ein gelungenes Menü zubereitet zu haben. Auch wenn das Dessert erst kurz vor halb ein Uhr morgens auf den Tisch kommt. Besonders die selbst gemachten, großen Cannelloni sind mir diesmal ganz grandios geglückt – nicht mal mein Lieblings-Italiener, der »Torre« in Siena, kriegt sie besser hin.

Sogar bei Peter hat das Essen offenbar Eindruck gemacht. »Du, hat echt gut geschmeckt«, sagt er anerkennend zum Abschied. »Vor allem diese komischen Pfannkuchen mit der Fleischfüllung.«

Komm, wir grillen!

Im Spätfrühling, wenn die Abende milder und die Biergärten voller werden, wenn die Sommerzeit die Tage gnädig verlängert und die ersten Nackten am Münchner Eisbach liegen – dann, ja dann erschallt landauf landab der schauerliche Schlachtruf: »Wir grillen!«

Der Metzger auf dem Schwabinger Elisabethmarkt weiß an einem solchen Tag, dass er schon morgens die Schweinenacken und Spareribs in diese spezielle Marinade aus Öl, Paprika und Zwiebeln einlegen muss, denn spätestens um elf kommt die Frau Huber vorbei und sagt: »Der Alois hat angerufen, er will heut abend grillen!«

Kurz darauf ist auch der schicke Steuerberater aus Pasing da, der seinen Volvo immer auf dem Gehsteig vor der Metzgerei parkt. Er kauft heute 17 Paar Schweinswürstl und zehn Hühnerkeulen, weil er seine Frau damit überraschen will, dass er ein paar gute Freunde in den Reihenhausgarten eingeladen hat. »Da könnten wir doch endlich mal grillen, oder?«

Auch die Teenies in den übergroßen Klamotten, die normalerweise in den Grünanlagen herumhängen oder mit ihren Skateboards nerven, wollen einen geilen Grillabend veranstalten. Am Flauchersteg an der Isar natürlich. Dort brennen an warmen Nachmittagen die Grillfeuer im Abstand von etwa zehn Metern. Lärmende Horden versenken Bierkästen zum Kühlen im Fluss und die Musikbeschallung wechselt regelmäßig von Bon Jovi aus

dem Ghettoblaster zu »Blowing in the Wind« auf der mitgebrachten Klampfe.

Diese Grill-Cliquen kennen eigentlich nur ein Problem: Wo bekomme ich genügend Zeug zum Verfeuern her? Sämtliche Bäume und Sträucher sind nach spätestens zwei Abenden abgerupft, weshalb manche Fanatiker gerne mal in die Gärten der nahe gelegenen Wirtschaften einbrechen, um ein paar Holzstühle mitgehen zu lassen.

Normale Isar-Griller (die übrigens oft mit den Nacktbadern identisch sind, nur dass sie sich abends minimal bekleiden) fahren kurz vorher noch schnell an der Tankstelle vorbei, um einen Sack Holzkohle zu kaufen. Praktischerweise gibt es dort auch alles, was sich aufs Feuer legen läßt: plastikverschweißte Würstl zum Beispiel, die mit E 635 sowie köstlichem Geschmacksverstärker veredelt sind. Wie das schmeckt? Ist doch egal, im verkohlten Zustand sind alle Grillwaren gleich – und weil es stockfinster ist, sieht man glücklicherweise auch nichts.

Unter gutbürgerlichen Kulinarikern ist der Verlauf eines ordentlichen Grill-Events selbstverständlich strengen Regeln unterworfen; das beginnt schon mit der gepflegten Karo-Tischdecke auf dem Gartentisch sowie dem stilvollen Geschirr und natürlich der Kochschürze mit buntem Aufdruck (»Hier kocht der Chef«). Vor allem aber gibt es klare Vorschriften, was die Aufteilung der Tätigkeiten nach Geschlecht angeht. Es gibt im modernen Leben bekanntlich nur zwei Dinge, die nach wie vor Männern vorbehalten sind; die letzten männlichen Domänen, an die sich glücklicherweise kaum eine Frau heranwagt: erstens die Bedienung einer Bohrmaschine. Zweitens das Entzünden eines Grillfeuers. Schon wahr: Eine Frau, die selbst Dübellöcher bohrt, löst bei Männern tiefe Verunsicherung, womöglich sogar Kastrationsängste aus. Ähnliches gilt für das Grillfeuer, wobei Männer insgeheim ahnen, dass die Frauen ihnen das Anzünderitual einfach nur gestatten, so wie sie ihre Söhne mit Autos und Pistolen spielen lassen.

Egal, Tatsache ist: Feuermachen ist Männersache. Die ganz Harten, Supermännlichen verwenden zum Anzünden kleine Holzscheite und zerknüllte Zeitungen; sie bringen das Material erst virtuos zum Knistern und Prasseln, bevor sie die Holzkohle draufschütten. Anschließend pusten sie sich die Lunge aus dem Leib, um alles zum Glühen zu bringen. Die Cleveren hingegen benutzen Grillanzünder und echte Schlaffis träufeln flüssige »Brennhilfe« auf die Kohlen, werfen ein Streichholz auf den Grill, fertig. Wenn es nicht ordentlich brennt, helfen sie mit einem Fön nach. Meistens stehen, um dieses anspruchsvolle Unterfangen zu bewältigen, mehrere Männer zusammen, und ihre Gespräche drehen sich ausschließlich um das fachgerechte Entzünden des Grillfeuers.

Und die Frauen? Frauen machen Salat. Nudelsalat, bunten Salat, vielleicht auch Rucolasalat mit darüber gehobelten Parmesanspänen und Olivenöl. Frauen decken außerdem den Tisch; Männer kommen dafür auf keinen Fall in Frage, weil sie das korrekte Anbrennen des Grillfeuers überwachen müssen. Die Frauen unterhalten sich in der Küche über die gräßliche krebserregende Wirkung von verbranntem Fleisch. Später legen die Männer dann die Steaks auf, lassen diese anbrennen und machen dafür den Metzger verantwortlich, der das Fleisch viel zu dünn geschnitten hat. Die Aufgabe der Frauen ist es dann zu sagen: »Macht doch nichts, es schmeckt trotzdem ganz toll!« Natürlich nur, sofern sie, gehüllt in beißende Rauchschwaden, noch in der Lage sind, ganze Sätze zu artikulieren.

Ja, Grillen ist schön, Grillen ist ein Menschenrecht. Gerade hat ein Oberlandesgericht wieder bestätigt, dass jeder Bürger mindestens fünfmal im Jahr grillen darf, auch auf dem Balkon. Natürlich nicht mit dem Tankstellen-Gerät für 14,95 Mark, sondern mit dem Extrem-Teil aus dem Baumarkt! Und im Winter – da schenkt uns Tante Inge einen Elektrogrill zu Weihnachten. Zur Vorbereitung auf die nächste Saison.

Lob des Nudeltesters

Liebe Leserinnen und Leser, diesmal habe ich eine wirklich gute Nachricht, Sie sollten diese Geschichte deshalb unbedingt weiterlesen. Es handelt sich um praktische Lebenshilfe. Sie werden mir ewig dankbar sein. Denn Sie werden mir ungezählte Stunden verdanken, die Sie nicht mehr in diesen schrecklichen Geschenke-Shops verbringen müssen, in denen man sich regelmäßig das Hirn zermartert nach einem passenden Geschenk für den Freund, die Ehefrau, den Vater, Tante Klara oder Frau Huber aus dem zweiten Stock. Das kennen wir doch alle: Nehme ich jetzt diesen Korkenzieher mit modischem Acrylgriff, der von Nasa-Astronauten bei mehreren Mondflügen getestet wurde? Oder fasst Onkel Herbert das als verkappte Anspielung auf seinen überdurchschnittlichen Weinkonsum auf? Vielleicht freut er sich ja über diese Salz- und Pfefferstreuer im Igel-Design. Hm. Sicher nicht. Aber ich hätte endlich ein Geschenk …

Vorbei! Nie wieder! Sie verschenken in Zukunft nur noch Spaghettitester. Warum? Ganz einfach: Erstens braucht einen Spaghettitester jeder, egal, ob es sich um einen Hobby-Koch handelt, oder nicht. (Spaghetti sind so ungefähr das Einzige, was auch Nicht-Köche gelegentlich kochen.) Zweitens ist das Teil eine geniale Erfindung. Und drittens sieht der Tester absolut super aus und erfreut deshalb auch die Design-Freaks unter Ihren Bekannten, jene Menschen also, denen völlig egal ist, wozu ein Gegenstand taugt – Hauptsache, er macht optisch etwas her.

Das Beglückende am Spaghettitester ist, dass er auf den ersten Blick wie ein absolut sinnloser Gegenstand wirkt, es in Wirklichkeit aber nicht ist. Wobei der erste Eindruck des komplett Überflüssigen gerade seinen Charme ausmacht: Ich bin schön, aber nutzlos. Ich bin einfach nur da. Man kann mich hinlegen, wo man will, aber bringen tut das überhaupt nichts. Ist das nicht wunderbar – in einer Welt, in der jeder Gedanke und jede Handlung auf Effizienz ausgerichtet ist? Zugegeben, um die reine Kunst zu genießen, kann man auch ins Museum gehen. Unmittelbarer ist sie aber auf dem Küchentisch.

Dazu kommt die anbetungswürdige Schönheit dieses Küchengeräts. Der Spaghettitester mag Banausen im ersten Moment an einen Brieföffner erinnern. Brieföffner! Nicht, dass er sich in seiner multifunktionalen Genialität dieser Tätigkeit verweigern würde: Ich habe mit dem Nudeltester bereits viele Schreiben mit elegantem Schwung geöffnet, allein: Profane Werbebotschaften oder Strafzettel des Polizeipräsidiums sind deutlich unter seinem Niveau. Schließlich fühlt sich, wer über die sanften Kurven seines Edelstahlkörpers streicht, in die Welt der Zärtlichkeit und innigen Verbundenheit, ja Leidenschaft entführt. Liebesbriefe öffnet er gerne.

Kommen wir nun, jenseits aller ästhetischen Vorzüge, zu seiner eigentlichen Funktion und Bestimmung, dem Spaghetti-Testen. Angenommen, die Nudeln kochen im Topf vor sich hin, es ist in etwa Zeit zum Herausnehmen – was tun? Erst mal checken, ob sie al dente sind, wie sich's gehört. Normalerweise läuft das so ab: Man nimmt eine Gabel, stochert im Nudelwasser herum, bis eine Nudel hängen bleibt. Bis dahin alles okay, aber jetzt: Beim Heranführen der Gabel an den Mund flutscht die Nudel herunter und strebt wieder ihren Kameradinnen im Topf entgegen. Der Tester trachtet dies zu verhindern, indem er nach ihr grabscht, wobei er sich höllisch die Finger verbrennt. Und vor Schreck lässt er die Nudel mindestens auf den Herd, wenn nicht gleich auf den Boden fallen. Dieser Vorgang wiederholt sich fast immer mehrmals, bis der Koch entnervt aufgibt und die Spaghetti einfach so abgießt, ohne die Bissfestigkeit überprüft zu haben.

Tja. Jetzt sind Sie dran. Mit dem neuen Spaghettitester. Sie tauchen ihn ins Kochwasser, heben ihn hoch, schon hängt lieblich eine Nudel in der kleinen Kerbe am Kopf des Geräts. Rutscht nicht ab, verbrennt nichts, fällt nicht auf den Boden. Perfekt. Das Probieren wird zum Vergnügen; ich habe schon mehrmals einen ganzen Topf voller Spaghetti nur mit dem Tester gegessen, ehrlich.

Übrigens wird das Teil in einer sehr formschönen, mit Samt ausgeschlagenen Schachtel geliefert – Verwandte und Bekannte werden begeistert sein! Bleibt nur eine Frage: Was verschenken wir, wenn alle Haushalte mit einem Spaghettitester versorgt sind?

Habe ich eigentlich schon von diesem praktischen Tropfenfänger für Weinflaschen erzählt?

Willkommen zum Sandkasten-Menü!

Es ist allgemein bekannt, dass Kinder eigentlich die besseren Menschen sind: Sie sind phantasievoller als Erwachsene, gehen ohne Vorurteile an die Dinge heran (»Was hast du gegen Überraschungseier?«) und sie haben keine falsche Scheu, auch wildfremden Leuten, die sie zum Beispiel in der U-Bahn treffen, die Wahrheit ins Gesicht zu sagen: »Du bist ganz schön dick!« Kurz: Kinder sind einfach lebenstüchtiger. Und weil das Kochen direkt mit dem Leben zusammenhängt, leuchtet es sofort ein, dass sie auch die besseren Köche sind.

Das beginnt schon im Sandkasten, wenn sie mit Hilfe von bunten Förmchen, Sand, Wasser, Dreck, Blättern und Kieselsteinen recht unkonventionelle Menüs für ihre mitgebrachten Stofftiere kreieren (und sie leider meistens auch selbst probieren). Nie wieder in ihrem späteren Leben werden sie so lässig die Zutaten für ein gelungenes Essen zusammenstellen, nie wieder so virtuos ihre Kreativität einsetzen. Meine Tochter Laura beispielsweise bekochte ihren Lieblingsaffen mit einer Hingabe, von der ihr zukünftiger Partner, so fürchte ich, nur träumen kann.

Dieses Talent gilt es zu fördern, damit es nicht verkümmert. Um meinem Kind den Umgang mit Küchengeräten spielerisch zu vermitteln, gab ich ihm schon im fortgeschrittenen Babyalter jede Menge Knoblauchpressen, Spaghettizangen und ähnliches zum Spielen in den Laufstall – mit dem Erfolg, dass die Teile binnen Minuten zerlegt, zerkaut oder sonstwie zerstört wieder herausflogen. Später bekam Laura, wie die meisten ihrer Altersgenossen, allerlei Küchengerät aus Plastik geschenkt: eine Kinder-Kaffeemaschine (eignet sich prima zum Herumpritscheln mit Wasser), Töpfe, Herde und dergleichen mehr. Vom Opa gab es eine komplette Barbie-Einbauküche zu Weihnachten. Wobei der politisch korrekte Vater selbstverständlich aufpassen muss, dass nicht schändliche Rollenklischees das Mädchen auf seine künftige Rolle als Hausmütterchen einschwören, das die Männer bekocht. Die Gefahr scheint mir allerdings nicht allzu groß zu sein: In den entsprechenden Spielen meiner Tochter kommen männliche Wesen in erster Linie als Dienstboten und Kellner vor.

Wie nun können wir Erwachsene in Kochangelegenheiten von der Phantasie unserer Kinder profitieren? Mein Tipp: Die Kleinen ernsthaft mitkochen lassen – schon bald entwickeln sie eigene Ideen. Laura zum Beispiel war zweimal dabei, als ich Pizza machte, und bereits beim zweiten Mal wurde ihr das zu langweilig. Den Teig im Ganzen auf ein Blech legen, das kann doch jeder. »Wir machen Tiere, okay?«, schlug sie vor. Seit diesem Tag gehört »Tierpizza« (Rezept siehe unten) nicht nur zum Speiseplan, sondern ist eine unserer Lieblingsbeschäftigungen an verregneten Samstagnachmittagen.

Inzwischen sind wir ein grandioses Küchenteam: Wollen wir ein Hühnchen braten, zerlege ich es, und Laura bestreut es mit sieben verschiedenen Gewürzen. Ich schäle die Kartoffeln, sie zerschnippelt mit dem Kindermesser die Karotten. Ich hole den Entsafter aus dem Regal, sie wirft sich mit ihrem ganzen Gewicht auf den Hebel, um Orangen und Zitronen auszupressen. Ich räume die Spülmaschine ein, sie dekoriert mit Servietten, Kerzen und selbst gemalten Namenskarten den Tisch.

Das klingt harmonisch und ist es auch. Trotz aller Katastrophen, die natürlich ständig passieren: Laura verbrennt sich den Finger am Herd, wirft volle Teigschüsseln auf den Boden, nimmt Zucker statt Salz, kippt die Marinade über mein Lieblingskochbuch. Aber all das ist unvermeidlich und begleitet ambitionierte Köche ihr Leben lang – man sollte also möglichst früh damit beginnen.

Schwierig wird es, wenn mehrere Kinder zu Besuch da sind. Ein Kind alleine, man weiß es, kann ein geduldiger, lieber Engel sein – in Gesellschaft entwickelt es sich gerne zur nervtötenden Bestie. Gemeinsames Kochen empfiehlt sich in diesem Fall eher nicht. Es sei denn, die Kinder sind mindestens sechs Jahre alt und halbwegs zurechnungsfähig – dann kann man sie zum Kartoffelschälen anstellen. So wie der Zauberer Petrosilius Zwackelmann im ›Räuber Hotzenplotz‹, der alles herzaubern kann, außer geschälten Kartoffeln. Bei uns ist es immer so, dass ich den Zwackelmann spielen muss und die Kinder mit näselnder Stimme antreibe: »Loos, noch einen Eimer voll!« Dafür gibt es anschließend selbst gebackene Pommes mit Ketchup (siehe Rezept).

Wo das alles hinführen wird? Meistens machen Kinder ja später einmal das Gegenteil von dem, was ihnen vorgelebt wurde. Die Kinder rauchender Väter, so kann man immer wieder feststellen, entwickeln sich oft zu militanten Nichtrauchern – und umgekehrt. Vermutlich wird Laura also spätestens vom Teenageralter an nie wieder freiwillig eine Bratpfanne in die Hand nehmen. Ist auch völlig okay so. Ich kann ja dann mit den Enkeln kochen …

Tierpizza

Zur Vorbereitung gehen wir mit dem Kind am besten in den Zoo, in den Zirkus oder blättern ein Tierbuch durch. Anschließend nehmen wir ungefähr eine Tasse voll Mehl mit ein bisschen Backpulver, geben etwas Wasser dazu und überlassen das Kneten dem Kind. Allerdings rennen wir diesem ständig mit einem feuchten Lappen hinterher, um Teigbatzen von Türklinken, Wasserhähnen und Stofftieren zu entfernen. Dann rollen wir den Teig auf einem bemehlten Tisch möglichst dünn aus. Jetzt ist wieder das Kind dran: Mit einem Roller oder einem stumpfen Messer werden Affen, Elefanten, Katzen, Hunde und andere Viecher geformt und auf ein gefettetes Blech gelegt. Achtung: Großformatige und möglichst runde Tiere wie Nilpferde sind dünnen (ganz schlecht: Giraffen mit langem Hals) eindeutig vorzuziehen, weil sie sich besser mit Tomaten belegen lassen und später nicht so leicht auseinander brechen. Zum Belegen sind die billigen Pizzatomaten aus der Dose völlig ausreichend. Jetzt kommt der Käse – aber nicht zu viel, weil er sich sonst über die Tiere ausbreitet und ihre schöne Gestalt verformt. Zum Schluss wird etwas Salz und Oregano darüber gestreut. Aus dem übrigen Teig kann man kleine Kugeln formen und sie innen mit

Käse füllen. 20 Minuten in den Ofen – fertig. Die Tierpizza-Tiere muss man übrigens nicht unbedingt essen, so lange sie noch warm sind. Sie schmecken auch als Pizzacräcker vor dem Fernseher, wenn das Kind im Bett ist.

Selbst gemachte Pommes

Diese Pommes machen mehr Spaß als die von McDonald's und sind außerdem viel gesünder, weil sie nicht frittiert, sondern gebacken werden. Es geht los mit Kartoffelschälen – eine pädagogisch wertvolle Angelegenheit, weil man dem Kind ein paar Weisheiten zum Thema Verschwendung erzählen kann. Denn ganz sicher wird es beim Schälen zunächst die halbe Kartoffel mit abschneiden. (Das tut es nach unseren Ermahnungen immer noch, weiß aber, dass es falsch ist.) Danach halbieren oder dritteln wir jede Kartoffel der Länge nach, schneiden die Teile in pommes-ähnliche Streifen und werfen alle auf ein gefettetes Backblech. Jetzt schütten wir etwas Olivenöl in eine Tasse und lassen das Kind die Kartoffelstreifen damit einpinseln (Pinsel aus dem Wassermalkasten bitte vorher auswaschen). Dann das Blech in den Ofen schieben. Während des Backens muss man mit einem scharfen Schaber mindestens einmal die Kartoffeln wenden; das machen wir selbst, sofern keine Kinder-Brandsalbe im Haus ist. Die Pommes sind fertig, wenn sie schön knusprig aussehen. Herausnehmen, in eine Schüssel geben und salzen. Jetzt kann nur noch eine Katastrophe passieren: Der Ketchup ist alle.

Vorsicht, Fondue!

Kann man die Zubereitung eines Fondues eigentlich als Kochen bezeichnen? Nicht wirklich. Wie bei allen Gerichten, die am Tisch zelebriert werden, handelt es sich auch beim Fondue eher um ein Gesellschaftsspiel als um seriöse Nahrungszubereitung. Aber immerhin ist es eine ernsthaftere und würdigere Angelegenheit als es andere Gemeinschafts-Gelage vom Schlage »Raclette« oder »Heißer Stein« sind. Für die benötigt man jede Menge technisches Brimborium und außerdem strahlen sie eine irgendwie spießige Aura ab: Hach, Tante Else kommt zum Abendessen und jetzt machen wir mal was gaaanz Außergewöhnliches – so in der Art.

Trotzdem: Auch für das Fondue ist eine gewisse sittliche Reife, die Einsicht in die unaufhaltsame (und unabwendbare) Verbürgerlichung des eigenen Lebensstils wichtig; niemals würde sich eine Clique von Zwanzigjährigen zum Fondue-Essen treffen, es sei denn, man feiert eine stilechte Seventies-Revival-Party. Nein, Fondue ist etwas Gediegenes, gut geeignet für Familienfeste wie Weihnachten. Außerdem gilt es als witziger Event bei jungen Familien, die gerade dem Yuppie-Alter entwachsen sind: Draußen vor dem Einfamilienhaus steht der schwarze Alfa 156, drinnen sitzt man mit Freunden im Designergestühl, parliert über den letzten Urlaub in Laos und stochert mit bunten Gabeln im Fondue herum.

Übrigens ist schon der Plan, ein Fondue zu zelebrieren, für die Gäste ein Kompliment: Man isst dieses Gericht nur mit sympathischen, netten Menschen. Schließlich bedient sich jeder aus einem Gemeinschaftstopf – allein das erfordert eine bestimmte Vertrautheit. Zwischendurch berühren sich die Gabeln; beim Käsefondue fällt hin und wieder ein Brotbrocken hinein, den dann ein anderer mit seinem Besteck aufspießt und herausholt; mit Leuten, die man nicht wirklich mag, möchte man das nicht tun. Kurz: Die Einladung zu einem Fondue ist ein echter Freundschaftsbeweis und sollte unbedingt auch als solcher gewürdigt werden.

Die wichtigste Frage für den Gastgeber heißt natürlich: Welche Art des Fondues ist die passende? Hier gilt es zu unterscheiden zwischen drei Klassikern: Fleisch-, Käse- und Schokoladenfondue. Im Grunde ist die Entscheidung ganz einfach. Will man die Gäste beeindrucken und kennt sie nicht allzu gut, ist ein Fleischfondue (wahlweise auch asiatischer Feuertopf und ähnliches) richtig. Nachteil: Man muss ungefähr 25 verschiedene Saucen herstellen, was enorm viel Arbeit macht. Leider lieben die Mit-Esser dann meistens nur zwei oder drei davon; die entsprechenden Schälchen sind sofort leer, während die anderen Saucen übrig bleiben und mit schlechtem Gewissen entsorgt werden müssen. Vorteil: Man gilt als enorm kreativ, kann fachmännisch die Herstellung der Schalotten-Sardellen-Kapern-Eier-Artischocken-Senf-Vinaigrette erklären und nebenher einfließen lassen, dass man das Fleisch selbstverständlich nur beim (superteuren) Biometzger einkauft. Übrigens sollten Fleischfondue-Esser darauf achten, dass sie nicht mit zu viel Hunger ankommen, sonst verbrennen sie sich leicht die Zunge am heißen Fett und essen das Fleisch so gut wie roh auf.

Meine Sache ist Fleischfondue übrigens nie gewesen; mir ist die ganze Angelegenheit zu kompliziert, zu aufgedonnert, zu wichtigtuerisch. Wenn ich Fleisch will, brate ich mir ein argentinisches Steak; das geht schneller, und ich werde satt davon. Außerdem habe ich beim Fleischfondue ständig die Vision, dass der Topf umfällt und mir zwei Liter kochend heißes Fett über die Hose laufen – kein schöner Gedanke. Viel besser gefällt mir Schokoladenfondue – ein Ritual, das man bei Kindergeburtstagen, vor allem aber nach Weihnachten und Ostern zelebrieren sollte. Warum gerade dann? Weil die entsprechenden Gestalten, also Schokoladen-Nikoläuse und Schoko-Hasen dabei ihre endgültige Bestimmung erfahren: Zur Freude ausgelassener Kinder werden sie geradezu kannibalistisch in den heißen Topf mit ein wenig Milch gesetzt. Fast tragisch sieht es aus, wenn der Heilige langsam schmelzend in sich zusammensinkt und der Hase seine Ohren hängen lässt, bis die beiden, jeden Widerstand aufgebend, zur süßen Masse sich verschwistern.

Vor allem aber liebe ich Käsefondue! Dieses Gericht ist ideal für einen romantischen Abend zu zweit oder für ein Essen mit wirklich guten Freunden. Es strahlt Wärme und Behaglichkeit aus – genau das Richtige für eisige Wintertage. Schon der Topf aus Keramik, in dem die gelbliche Masse lieblich vor sich hin blubbert, ist viel sympathischer als der Stahltopf fürs kochende Öl. Und kaum etwas ist beruhigender und harmonischer, als dem Käse dabei zuzusehen, wie er langsam schmilzt, sich mit dem Weißwein vereinigt und einen würzigen Duft verbreitet, der an kitschige Almhütten und glückliche, BSE-freie Kühe denken lässt.

Nur Ahnungslose kaufen übrigens diese fertigen Käsefondue-Mischungen, die in den Supermärkten angeboten werden. Denn erstens vermittelt diese Fertigpampe nur eine entfernte Vorstellung davon, wie ein richtiges, selbst gemachtes Fondue schmeckt. Und zweitens bringen sich die Schnellkocher um das Vergnügen, einen wirklich stilechten Kult um dieses Gericht zu inszenieren. Es geht schon damit los, dass man den Käse (Schweizer Emmentaler und Greyerzer gemischt) mit dem Gemüsehobel oder einem vergleichbaren Gerät zerkleinern muss, ohne sich dabei tiefe Wunden zuzufügen, was nur selten gelingt (Pflaster bitte bereitlegen!). Als nächstes wird der Topf mit einer Knoblauchzehe ausgerieben und dann der Käse in dem heißen Weißwein geschmolzen. Wobei es gilt, beim Rühren den Kochlöffel nicht blöd im Kreis herumfahren zu lassen, sondern mit dem Holz einen eleganten Achter zu beschreiben! Und schließlich – Höhepunkt der Fondue-Kocherei – kippt man das mit Kirschwasser vermischte Stärkemehl in den Topf, damit die ganze Masse sämig wird.

Gleichzeitig muss mit dem Rechaud alles klar gemacht werden, das heißt, es muss genügend Spiritus im Brenner sein und dieser rechtzeitig entzündet werden. Dann wird der Topf vom Herd aufs Rechaud gesetzt, und die Gäste müssen sofort mit ihren Gabeln und Brotstücken zu rühren beginnen, damit nichts anbrennt. Bei alldem sollte eine angemessene Hektik herrschen, sonst macht es keinen Spaß. Und, bitte: keine Beilagen! Einmal war ich bei meinen Schwiegereltern zum Fondue-Essen eingeladen; meine Schwiegermutter ist eine grandiose Köchin, aber vom Käsefondue versteht sie leider nichts, denn: Es gab dazu Salat! Und, was erschwerend hinzukam: Sie stellte den dampfenden Fonduetopf aufs Rechaud, ich wollte sofort anfangen, aber die Familie ließ den Topf mitleidlos auf der Flamme stehen und aß zunächst einmal bedächtig den Kopfsalat auf. Ich war kurz davor zu platzen.

Schon wahr: Die Liebhaber von Käsefondue sind eine eingeschworene Gemeinschaft, die ihren Mitmenschen ganz schön auf die Nerven gehen können. Zum Beispiel finden sie, dass man Käsefondue auch an einem kühleren Abend im Juli essen kann, was Lebenspartner oder Kinder meistens für akut schwachsinnig halten. Oder sie schrecken nicht davor zurück, sich einmal ganz alleine ein Fondue zuzubereiten. Warum nicht? Sind die wahren Glücksmomente im Leben nicht die, in denen man ganz bei sich ist? Sicher, Fondue zu zweit ist superromantisch. Aber Fondue alleine – das ist wirkliche Besinnung auf sich selbst und zeugt von der Fähigkeit, im Einklang mit den schönen Dingen zu leben.

Menschen, die Käsefondue mögen, sind zweifellos gute, interessante und außergewöhnlich tolerante Menschen. Zum Beispiel die Frau, die ich vor Jahren kennen gelernt und sie, logisch, an einem unserer ersten Treffen zum Käsefondue eingeladen habe. Leider war ich so aufgeregt, dass ich die Fonduekachel auf eine viel zu heiße Herdplatte stellte. Und gerade, als alles fertig war, der Käse die richtige Konsistenz hatte, die frische Muskatnuss duftete und der Spiritusbrenner perfekt brannte, da passierte es: Der Fonduetopf knackte erbarmungslos, brach auseinander, und die ganze Herrlichkeit ergoss sich über den Herd. Ich war so entsetzt, dass ich wie gelähmt dastand und kein Wort herausbrachte.

Und die Frau? Erst riss sie blitzschnell einen zweiten Topf aus dem Regal, hielt ihn so an den Herd, dass die Überreste des Fondues hineinliefen. Und dann lachte sie. Lachte so fröhlich, dass meine Lähmung nachließ und ich sofort und mit wachsender Begeisterung spürte, dass wir noch öfter zusammen ein Käsefondue zubereiten würden.

Dieser Vorsatz zählt zu den wenigen, die ich ernsthaft und konsequent eingehalten habe.

Kochen mit Tchibo

Alles begann mit einer Bratpfanne. Es war ein stürmischer Frühlingstag vor ungefähr zehn Jahren – ich stand im Tchibo-Shop in der Münchner Leopoldstraße und trank einen Milchkaffee. Da hing sie an der Wand: schlicht, elegant, unwiderstehlich. Ich streichelte ihren Edelstahlkörper und griff beherzt zu. Andere Menschen erinnern sich noch genau an ihre erste Zigarette (Strandparty beim Schüleraustausch in Brighton, die Angebetete wendet sich ab, der einsame Wolf zündet sich eine an), ich dagegen weiß noch, wie ich mir das erste Küchengerät bei Tchibo gekauft habe. Es war, so viel sei vorweggenommen, der Beginn einer fatalen Leidenschaft, um nicht zu sagen: einer Sucht.

In den Monaten nach der Bratpfanne erwarb ich in den Kaffee-Shops zunächst Kleinigkeiten, mal hier eine Knoblauchpresse, mal dort formschöne Tischdeckenhalter im Wassermelonen-Design. Erste ernsthafte Suchtsymptome zeigten sich nach ungefähr drei Jahren, als ich einen dunkelblauen Tisch-Staubsauger (»Turbo-Akkusauger, nur 39,95 Mark«) erstand. Wie besessen saugte ich nach jeder Mahlzeit, nach dem Frühstück, nach dem Abendessen, bis der letzte Krümel von der Tischdecke verschwunden war. Kann sein, dass die Frauen, die ich damals gelegentlich zu romantischen Abendessen einlud, diese Angewohnheit etwas verwunderlich fanden, zumal der Akkusauger einen Höllenlärm machte; jedenfalls bekam ich immer öfter Absagen, was mich aber nicht weiter irritierte. Ich würde wohl noch heute weitersaugen, hätte das Gerät nicht irgendwann seinen Geist aufgegeben. Zu dem Zeitpunkt war es glücklicherweise ausverkauft.

Das war die Zeit meines ersten und einzigen Tchibo-Schlafanzugs. Das Bedenkliche daran: Das Teil war wirklich außerordentlich hässlich – rotgrünes Karomuster – und ich habe es nie angezogen. Um es kurz zu machen: Inzwischen überlege ich, eine Selbsthilfegruppe für Tchibo-Junkies zu gründen.

Meine Therapeutin behauptet, die Ursache für meine Sucht sei die Unfähigkeit, schnelle Entscheidungen zu treffen. Menschen wie ich verbringen im Supermarkt zwanzig Minuten vor dem Regal mit den Spülmitteln und sind immer noch unschlüssig. In Restaurants verschwimmen die Buchstaben der Speisekarte vor meinen Augen, wenn mehr als drei Gerichte aufgeführt sind, und auf keinen Fall betrete ich Läden mit dem schrecklichen Hinweis »Große Auswahl«. Bei Tchibo dagegen ist alles einfach. Zwar sind die Läden inzwischen zu halben Supermärkten geworden, deren bizarres Angebot vom »Wende-Stuhlkissen« bis zum superscharfen »Bügel-BH in ansprechendem Blau« reicht. Doch mich interessieren nach dem Flop mit dem Schlafanzug ja nur die Kochartikel. Und da ist das Sortiment schön überschaubar.

Also, wollen mal in aller Ruhe sehen, was es heute Neues gibt. Erst einen Milchkaffee bestellen und die Frage abwägen: Brauche ich diese Auflaufformen im 2er-Set für 22,95? Hm. Noch einen Kaffee, dazu eine Rosinenschnecke. Eigentlich schon.

Eine andere Theorie für meine Tchibo-Abhängigkeit spricht von der tief liegenden, uneingestandenen Sehnsucht nach dem kleinbürgerlichen Leben. Niemals würden sich so enorm unkonventionelle Menschen wie ich trauen, in einem normalen Geschäft irgendwelche grauenvollen Topf-Untersetzer zu kaufen. Oder »4 versilberte Serviettenringe« für 19,95 Mark. Aber dass diese Spießer-Accessoires von Tchibo sind, verleiht ihnen eine irgendwie ironische Qualität, weshalb sie als witzige Zitate durchgehen und erlaubt sind. So wie man auch Abba hören darf, wenn man weiß, dass es sich dabei eigentlich um unterirdischen Kitsch handelt.

In Wirklichkeit, davon bin ich im Grunde überzeugt, sind wir Tchibo-Fans einfach nur besonders clevere Menschen. Warum sollen wir im Fachgeschäft 132 Mark für einen Aluminiumtopf ausgeben, wenn es fast den gleichen bei Tchibo für 29,95 Mark gibt? Im Übrigen sind wir eine große Tchibo-Familie, deren Mitglieder sich sofort erkennen. Bin ich beispielsweise bei einem neuen Kollegen zum Essen eingeladen, fällt mir gleich auf, ob er zu uns gehört, oder nicht: Wenn ja, taucht im Laufe des Abends garantiert irgendein Teil auf, das von Tchibo ist. Der Pizzaroller vielleicht, oder die Parmesandose mit dem herausnehmbaren Glaseinsatz, oder gar der Fischheber (»Ideal für ganze Fische«)! Und wenn es draußen in der Küche lieblich schnackselt, weiß ich sofort: Hier ist der Tchibo-Multi-Zerkleinerer für 39,80 Mark im Einsatz.

Man erwähnt das bei Tisch selbstverständlich nicht; zu viele Banausen interpretieren die Tchibo-Liebe ja als verkappten Geiz. Erst später, beim Abräumen vielleicht, gebe ich dem Kollegen unter vier Augen zu verstehen, dass ich Bescheid weiß – durch eine fachkundige Bemerkung etwa: »Hast du auch den Mozzarellaschneider?« Ein Leuchten in den Augen des Mannes signalisiert: Ah, ein Tchibo-Junkie. Sofort beginnt eine solide Fachsimpelei. Es ist ungefähr so, wie wenn sich zwei Experten für morphologische Veränderungen der mittelhochdeutschen Gebrauchsprosa treffen.

Ein Aspekt wurde im Hinblick auf die Suchterscheinungen bisher übrigens noch gar nicht beachtet. Schließlich handelt es sich bei Tchibo um einen Kafferöster, und nicht selten ist, wie gesagt, der Erwerb eines Gegenstandes mit dem Genuss einer Tasse Kaffee verbunden. Kann es sein, dass sie in ihr Gebräu eine Droge mischen, die wehrlose Passanten nach Sektkelchen und Milchaufschäum-Kännchen greifen lässt? Ja, das ist es. Eine Art Ecstasy für Hausfrauen und Büromenschen. Konsum-Speed: kaufen und wohlfühlen. Rauschgiftexperten, greifen Sie ein!

Hauptsache, es sieht gut aus

Seien wir ehrlich: Kochen heißt bluffen. Es unterscheidet sich darin nur wenig von anderen pseudo-kreativen Tätigkeiten wie etwa dem Journalismus (dessen Vertreter ständig so tun, als verstünden sie etwas von der Sache, über die sie schreiben) oder dem Aktienhandel (dessen Vertreter oft ebenfalls keine Ahnung haben und trotzdem manchmal Geld verdienen). Wir Freizeitköche wollen, klar, unseren Gästen nicht nur irgendwas zum Essen vorsetzen. Wir wollen, dass sie uns lieben für dieses besondere Menü. Dass sie in Glücksschreie ausbrechen und atemlos nach diesem wahnsinnig tollen Rezept verlangen. Machen wir uns nichts vor: Mit unseren Kochkünsten allein kriegen wir das nicht hin. Schließlich sind wir keine Profis, und das wollen wir auch gar nicht sein. Im Idealfall verbinden wir etwas praktische Erfahrung mit der Fähigkeit zur ansprechenden Präsentation. Anders gesagt: Was wäre ein Gericht ohne phantasievolle Deko? Nichts.

Aber, Vorsicht: Ich spreche jetzt nicht von der leider auch in guten Restaurants oft üblichen heillosen Verkitschung der ganzen Angelegenheit. Einen Teller Spaghetti am Rand mit winzigen Petersilien-, Tomaten- und Lauchstückchen zu verzieren, ist nicht phantasievoll, sondern albern. Spaghetti sind ein einfaches Gericht, und deshalb verlangen sie nach einfacher Optik. Die richtige, stilvolle Präsentation für Pasta fatta in casa (hausgemachte Nudeln) sieht so aus: weiße Teller, möglichst auf einem Holztisch. Ende. Keine bunten Tellerchen mit Italo-Dessin (Muscheln, Schiffchen, grinsende Neapolitaner), keine riesigen Holzlöffel mit Giraffenköpfen, keine High-Tech-Parmesanmühlen. Ganz einfach nur weiße Teller und Gabeln. Vielleicht eine Pfeffermühle, die auch unter einem halben Meter groß sein darf.

Man sieht: Die zurückhaltendere Deko ist oft die bessere. Eine beliebte Unsitte sind beispielsweise die erwähnten Designer-Parmesanmühlen, die sowohl von der technischen Ausstattung her als auch äußerlich einem Alfa Romeo Spider mit Rundheck ähneln. Der unbedeutende Nachteil: Sie kosten etwa 120 Mark, funktionieren aber meistens nur halb so gut wie eine normale Parmesanreibe für 2,50 Mark. Wer also seinen Gästen ersparen möchte, dass sie verzweifelt an einem solchen Gerät herumschrauben, -schütteln, -drücken und dabei den Käse großflächig verteilen – der reibt den Parmesan einfach vorher und stellt ihn in einer kleinen Schüssel auf den Tisch. Alternativ: ein Stück Käse mit einer Reibe, deren Funktionsweise auch technische Laien durchdringen.

Genug des Purismus! Es ist ja nicht so, dass wir nur karge Bauerngerichte zubereiten würden. Oft hantieren wir stundenlang in der Küche herum, dünsten, braten, schmoren, marinieren und flambieren – da wäre es geradezu ein Frevel, dieses Kunstwerk einfach nur so, womöglich noch in der Kochschürze, auf den Tisch zu stellen und in schlichten Tellern zu servieren. Aber leider berechnen viele Köche die Präsentation – also das Tischdecken, die Dekoration, aber auch das Styling des Gerichts selbst – nicht in ihren Kochplan mit ein. Das heißt, sie lassen die Deko entweder ganz weg, oder überlassen sie Lebenspartnern oder womöglich Kindern, die meistens alles falsch machen, weil sie den Geist und das Wesen des anstehenden Gerichts nicht erfassen. Was kein Wunder ist, weil sie in den vergangenen fünfeinhalb Stunden die Küche nicht betreten durften.

Was müssen wir also beachten? Zunächst gilt die Grundregel: Das Essen so vorführen, dass es seine Stärken von selbst entfalten kann. Es ist zum Beispiel nicht sehr schlau, einen richtig krossen bayerischen Schweinsbraten unter der zugehörigen Dunkelbiersoße zu ersticken. Wohingegen ein Ossobuco alla toscana, also eine Kalbshaxe auf toskanische Art, durchaus von der zugehörigen Tomaten-Kräuter-Sauce bedeckt sein sollte; ohne sieht sie nicht gut aus. Natürlich ist es ein Verbrechen, eine herrliche Goldbrasse oder eine Seezunge bereits in der Küche zu filetieren – die Gäste sollen, ja müssen den Fisch in seinem Originalzustand sehen, sonst schmeckt er nur halb so gut. Und die Gastgeber könnten gleich Fischstäbchen auftischen.

Nichts eignet sich zum richtigen Präsentieren eines aufwändigeren Essens übrigens besser als eine weiße Tischdecke – auch wenn es nur ein Bettlaken ist. Selbst der olle Ikea-Tisch oder das rostige Gestell aus dem Keller plus Holzplatte wirkt mit einer weißen Decke plötzlich edel und verleiht noch der versifftesten Studenten-WG die Aura des Gediegenen. Dazu muss nicht einmal Omas Silberbesteck ran, es reicht schon die Version aus Edelstahl. Nur bunte Griffe gehen nicht.

Zweite superwichtige Grundregel: Accessoires sparsam einsetzen! Ist das Essen zum Zwecke der zweisamen Romantik oder womöglich erotischen Anbahnung gedacht, sind Kerzen sicher okay. Aber, bitte, nicht vierzehn Kandelaber überall im Raum verteilen, sonst denkt der Gast, er sei als Statist in eine Art Rocky-Horror-Picture-Show geraten. Andererseits sollte man von dem, was da auf dem Teller liegt, trotz Kerzenlichts zumindest schemenhaft die Umrisse erkennen; eine verschluckte Gräte kann der Romantik ein jähes Ende bereiten. Also: Während des Essens vielleicht doch das Licht auf Dimmer-Stufe brennen lassen.

Etwas anderes sind natürlich Essen, die zum Beispiel als Reminiszenz an gemeinsame Urlaube stattfinden, oder generell unter einem bestimmten Motto stehen. Da wird natürlich geprotzt mit Girlanden und bunten Laternen oder, ganz krass, mit Fischernetzen (ach, auf Kreta, weißt du noch) oder aber mit provenzalischen Lavendelblüten. Man nebelt die Bude mit Räucherstäbchen ein wie auf dem Markt in Ao Nang oder verteilt zwanglos Muscheln auf dem Tisch, als kleine Reverenz an diesen wunderbaren Abend in Venedig.

Bei allem dekorativen Schnickschnack aber gilt: Die Optik darf nicht wichtiger sein als das Gericht selbst. Sie soll für eine gute Performance sorgen, nicht für einen besseren Geschmack. Für den sind immer noch unsere Fähigkeiten als Köche entscheidend. Obwohl: Ich erinnere mich noch gut an ein »Herbst«-Menü in unserer Wohnung: Ich kochte, für die Dekoration war meine Frau zuständig. Sie schreckte nicht davor zurück, buntes Weinlaub von der gegenüberliegenden Fassade zu reißen (danach wurde es noch unter die Dusche gelegt und dann getrocknet), um damit die Tafel zu verschönern. Unsere Gäste waren begeistert. Wie das Menü geschmeckt hat? Keine Ahnung.

Alessi oder nichts!

Hallo? Können Sie mich hören? Dies ist gewissermaßen ein … nun ja, verdammt, weg mit den ganzen Kartons, Entschuldigung, also ein Hilferuf. Schon seit Stunden versuche ich, in unserer Wohnung zur Küche vorzudringen, aber, Mannomann, es geht einfach nicht! Da, wieder eine riesige Styroporverpackung, die im Weg steht, weg, weg, weg damit! Was ist denn da drin? Die original Kitchen-Aid-Küchenmaschine, der Klassiker aus USA, eine Anschaffung fürs Leben – so steht es jedenfalls im Versandhauskatalog. Fürs Leben! Da kann ich nur bitter lachen, mein Leben jedenfalls hat sie nicht einfacher gemacht, sondern schwerer, zack, weg damit, das Ding ist aus Edelstahl, das tut ganz schön weh, wenn es Ihnen auf den Kopf fällt, das kann ich aus Erfahrung sagen.

Dabei hat alles ganz harmlos begonnen. Es war an meinem Geburtstag, als mir die Freunde Ralf und Armin zwei Designer-Salz- und Pfefferstreuer als Geschenk mitbrachten. Die Teile sahen außerordentlich gut aus – sie sind im symbolträchtigen Yin- und Yang-Design gehalten, schließlich handelt es sich bei Ralf und Armin um zwei überzeugte Esoterik-Anhänger, die in ihrer Freizeit gerne in Schreiseminare gehen und regelmäßig die Zeitschrift ›Ich und mein Karma‹ lesen. Salz war Yin, Pfeffer Yang – beim Würzen sollten sie den Gerichten vollständige Harmonie verleihen, doch davon konnte keine Rede sein: Schon beim zweiten Salzen versagte Yin seinen Dienst und war verstopft, und nach kurzer

Zeit machte auch Yang schlapp. Diagnose: schönes Design, aber leider unbrauchbar. Ich verpackte die beiden also wieder und stellte sie ins Holzregal in der Kammer.

Dort sollten sie nicht lange allein bleiben. Die meisten Menschen sind bekanntlich höchst einfallslos, was Geschenke betrifft. Jeder Freizeitkoch kann das bestätigen. Denn alles, was er geschenkt bekommt, hat irgendwie mit seinem Hobby zu tun: In erster Linie sind es natürlich Kochbücher, oft mit höchst einfallsreichen Widmungen (»Wir kommen zum Essen«), meistens aber Schürzen, Kochmützen und Designer-Geräte. Bei den Kochmützen beispielsweise sieht es so aus, dass wir sie aus Platzmangel irgendwann an die Dritte-Welt-Sammlung der Caritas verschenken mussten. Bei mehreren Asienurlauben habe ich meine Mützen auf den Köpfen der Bediensteten zahlreicher Garküchen zwischen Bangkok und Saigon wiedererkannt. Problematischer ist es bei der Kochliteratur: Weil man sie wegen der Widmungen nicht weiterverschenken kann, haben wir zwei Zimmer unserer Wohnung leer geräumt, um sie dort unterzubringen. Leider kann man bei einem Zimmer die Tür nicht mehr öffnen, ohne von opulenten Bildbänden über die Küche Frankreichs erschlagen zu werden.

Und dann erst die Designer-Geräte! Das erwähnte Regal bog sich bald unter der Last formschöner Snack-Fritteusen (ich habe, nebenbei bemerkt, ausgerechnet, dass man für den Preis eines solchen Apparates genau 287-mal Pommes bei McDonald's essen könnte), von Elektro-Woks, High-Tech-Dosenöffnern und einem elektrischen Spargelschäler, dessen Design stark an ein Folterinstrument aus dem Dominastudio erinnert und in

Verbindung mit Gemüse wie Spargel und Karotten speziell bei Männern ungute Assoziationen weckt. Im Wohnzimmer richteten wir bald eine Schrankwand zum Verstauen der Profi-Korkenzieher ein, die eine Zeit lang als Geschenk sehr en vogue waren. Sie werden vom Hersteller stets in einer edlen Samtschatulle geliefert, als handle es sich um eine 417er Smith & Wesson für ein Duell unter echten Männern.

Nachdem die neunte Isolierkanne im Look einer Pershing-2-Rakete ankam, gingen wir dazu über, die Verpackungen nicht mehr zu öffnen, sondern die Pakete hinzustellen, wo gerade Platz war. Seitdem müssen wir immer, um aufs Klo zu gehen, über ein bizarres Gebirge originalverpackter Messerblöcke, Picknickkörbe und Fruchtsaftpressen steigen. Längst türmen sich auf dem Balkon ungezählte Designer-Fläschchen, die mit Olivenöl und Balsamico gefüllt sind; in strengen Frostnächten explodiert hin und wieder eine. »Das kann so nicht weitergehen«, murmelt meine Frau dann im Schlaf, und in diesen Momenten überlege ich ernsthaft, ob ich mir nicht eine neue Freizeitbeschäftigung suchen soll, Gleitschirmfliegen vielleicht, oder Spazierengehen.

Wenn man wenigstens etwas anfangen könnte mit all den bildhübschen Geräten, dann wäre wenigstens jeweils ein Exemplar zu etwas Nutze. *Form follows function*, so lautete früher einmal die Devise der Designer, was zum Beispiel bedeutete: Eine Obstschale ist dann sinnvoll, wenn sie die Form einer Schale hat und nicht die einer Frisbeescheibe. Warum, bitte, stehen dann hier drei solcher idiotischen Teile, von denen garantiert die Äpfel herunterkullern? Warum müssen Espressomaschinen aussehen wie mittlere Raumschiffe? Weil die Designer nur noch darüber nachdenken, wie ein Gegenstand optisch wirkt und darüber vergessen, wozu er gut ist. Wenigstens sind die platten Obstschalen schön verchromt.

Hallo? Sind Sie noch da? Okay, ich versuche jetzt, mich zum Herd vorzukämpfen, um einen Tee aufzusetzen, im Alessi-Kessel, versteht sich. Immer schön cool bleiben. Irgendwer wird mir schon helfen. Der Weg zur Haustüre ist endgültig versperrt, seitdem vorhin zwei Männer ein riesiges Paket hier reinwuchteten. Ich dachte erst, es handele sich um ein Gerät aus dem Fitness-Studio, aber es ist, glaube ich, ein gigantischer Eiswürfelbereiter, mit dem mir die Kollegen eine besondere Freude machen wollten. Vielleicht sollte ich da doch einmal reinschauen. Ah, es ist eine Brotbackmaschine mit kraftvollen Knethaken! Wollen doch mal sehen, Strom anstellen, Haken einklinken, Sensor-electronic-Taste auf Stufe 5 drücken und daaaawrrgsbrgrmpflummppffssssss

Spaghetti – literarisch

Was die Literatur betrifft, wird von Kennern ja oft behauptet, dieses oder jenes Buch habe ihr Leben verändert, sie emotional enorm bewegt, wenn nicht geradezu umgehauen. Ach, die Leiden des jungen Werther! Salz auf unserer Haut! Schon beim Lesen kocht die Leidenschaft, von später nicht zu reden. Ich kann diese Empfindungen bestätigen, denn auch mein Leben wurde durch ein Werk der Weltliteratur geprägt, wenngleich nur durch eine Seite dieses Werkes. Auf dieser Seite wird, nun ja, ein Spaghettirezept beschrieben.

Es handelt sich um den Roman ›Die Blechtrommel‹ von Günter Grass. Den kennen viele zumindest dem Namen nach, manche haben auch die berühmte Verfilmung von Volker Schlöndorff gesehen. Das Spaghettirezept kommt in dem Film allerdings nicht vor, dafür aber mehrere Szenen, in denen es um Fischgerichte geht. Es sind die widerwärtigsten Stellen dieses (an Scheußlichkeiten reichen) Romans, vor allem jene, in der sich die Mutter der Hauptfigur Oskar Matzerath gräßlich vor einem Pferdekopf graust, in dem sich Aale winden.

Ich will hier nicht ins Detail gehen, nur so viel: Grass beschreibt diese Szene auf eine Art, dass ganze Generationen von Lesern der pure Ekel überkommt, wenn sie nur an Aale denken, und zwar lebenslang.

Diese Szene meine ich, wie gesagt, nicht. Diejenige, die ich meine, steht auf Seite 420. Der Blechtrommler Oskar hat einen Nachbarn, einen Jazzmusiker namens

Klepp, der ein völlig abgeschlaffter, fauler Sack ist. Dieser Kerl verbringt seine Tage ausschließlich im Bett und ernährt sich gelegentlich von Spaghetti, die er im Liegen auf einem Spirituskocher zubereitet. Einmal nun lädt er Oskar zum Essen ein; er reicht ihm einen ekligen, tomatenverschmierten Teller, Oskar greift widerwillig zu. Und jetzt kommt's:

»Nachdem er mich mit üblem, an den Fingern klebendem Besteck versorgt hatte, häufte er mit Suppenlöffel und Gabel einen guten Teil der Spaghetti auf meinen Teller, drückte mit eleganten Bewegungen einen langen Wurm Tomatenmark, Ornamente zeichnend, auf das Geschlinge, gab reichlich Öl aus der Dose dazu, tat sich dasselbe in den Kochtopf an, schüttete Pfeffer über die beiden Portionen, vermengte seinen Anteil und forderte mich mit Blicken auf, meine Mahlzeit ähnlich zuzubereiten.«

Kann man Spaghetti einfacher und besser machen? Ich behaupte: nein. Nudeln kochen, Tomatenmark aufschrauben, Ornamente aufs »Geschlinge«, Öl dazu, umrühren, pfeffern, fertig. Nicht mal Käse braucht man, denn also spricht der Dichter: »Ach, lieber Herr, verzeihen Sie, dass ich keinen geriebenen Parmesan im Hause habe. Dennoch wünsche ich einen guten und gesegneten Appetit.«

Ich möchte jetzt nicht übertreiben, aber ich habe genau diese Spaghetti in den vergangenen 35 Jahren mindestens einmal pro Woche gegessen. Denn in unserer Familie hat das Grass'sche Rezept den Speiseplan für Nudeln entscheidend geprägt, will sagen: Es gab Spaghetti nie auf andere Art. Und anders als bestimmte

Kindheitszumutungen, die man als Erwachsener entschieden bekämpft, liebe ich dieses Gericht trotz seiner exzessiven Verabreichung noch heute und kann nicht genug davon bekommen. Wobei ich mich in schönster Übereinstimmung mit Oskar Matzerath befinde: »Wunderbarerweise schmeckte mir das Gericht. Es wurden mir sogar jene Kleppschen Spaghetti zu einem kulinarischen Wertmesser, den ich von jenem Tage an jedem Menü anlegte, das mir vorgesetzt wurde.«

Ich kann das nur bestätigen. Sämtliche späteren Bemühungen, möglichst raffinierte Nudelgerichte herzustellen – Spaghetti all' arrabiata, Salbei-Ravioli mit Lachsfüllung, Cannelloni mit allen Schikanen – sind weitgehend gescheitert. Aber was soll's. Inzwischen fährt auch meine Tochter auf das Kleppsche Rezept ab, und ich bin mir ganz sicher, dass sie es dereinst an ihre Kinder weitergeben wird und diese wieder an deren Kinder und so weiter bis in alle Ewigkeit.

Für den Nobelpreisträger Günter Grass ist das doch eine beruhigende Vorstellung: Sein Ruhm als Dichter mag irgendwann verblassen, sein Nudelrezept bleibt unsterblich.

Helden des Herdes

Wie war das? Männer und Frauen sind gleich? Vor dem Grundgesetz vielleicht, aber nicht vor dem Herd. Dass die Geschlechter nicht wirklich zueinander finden können, ist hinlänglich bekannt und im Grunde wünschenswert (sonst müssten Männer mit ins Yoga oder wüssten alles über korrekte Beinenthaarung), aber vermutlich manifestieren sich die Unterschiede nirgends so krass wie in der Küche.

Das fängt schon bei den Essgewohnheiten an. Hier gibt es nur eine Regel, die praktisch keine Ausnahmen duldet: Frauen essen Salat, Männer alles andere. Kommt ein Paar in ein Restaurant, ist schon klar, was unweigerlich folgt: Er kann sich nicht entscheiden, ob er Forelle Müllerin oder Hirschgulasch bestellen soll, während bei ihr schon nach zwei Sekunden alles klar ist. »Heute nehme ich mal einen Salat – den mit Putenstreifen!« Wobei sie die Putenstreifen schon besonders extravagant findet.

Kein Zweifel: Eine Welt, auf der ausschließlich Frauen lebten, wäre das Ende aller Esskultur. Restaurants böten nichts anderes als Salat an (den allerdings in 37 verschiedenen Variationen, das schon), auf quadratkilometergroßen Feldern wüchse nichts anderes als Eisbergsalat, Kopfsalat, Friséesalat, Rucola, Radicchio sowie zum Garnieren etwas Mais und ein paar Tomaten. Auf den Bauernhöfen züchteten die Bauern ausschließlich Puten, um sie anschließend zu Streifen zu verarbeiten.

So gesehen ist es ein enormer zivilisatorischer Gewinn, dass Frauen im Laufe jahrtausendelanger Unterdrückung von Männern gezwungen wurden, den Speiseplan etwas zu variieren. Inzwischen widerstehen sie nicht selten sogar freiwillig ihrem Salat-Reflex und kochen einfache andere Gerichte. Und die Männer? Lädt ein Mann eine Frau zu einem selbst gekochten Essen ein, würde es im Grunde genügen – genau. Weil das aber ungefähr so spannend ist, wie ein Meerschweinchen zu füttern, lässt sich der kochbegabte Mann etwas besonders Ausgefallenes, Extravagantes einfallen. Etwas, das sogar gegen Rucolasalat mit Putenstreifen ankommt.

So viel zur Erklärung, warum Frauen so oft Fleischpflanzl mit Kartoffelsalat kochen, während Männer sich erst für Loup de Mer mit Jakobsmuscheln an den Herd stellen. (Eine andere Theorie erklärt diesen Unterschied mit der Tatsache, dass Frauen oft täglich und nicht selten für mehrere schlecht gelaunte Kinder kochen müssen, während sich Männer am Wochenende als Helden des Herdes fühlen dürfen. Aber diese Erklärung ist mir zu oberflächlich.) Fest steht, dass Männer der komplexen Welt der Küche aufgeschlossener gegenüberstehen. Wer das nicht glaubt, muss nur zwei männlichen Freizeitköchen zuhören, wenn sie gemeinsam ihrem Hobby nachgehen.

»Du, neulich hab ich auf dem Viktualienmarkt diese absolut geilen Felsenaustern aus der Normandie gekauft. 3,50 Mark das Stück, aber jeden Pfennig wert!«

»Echt? Die normalen Fin de Claires bringen's nicht wirklich, das stimmt. Hab' ich dir eigentlich schon mein neues Austernmesser gezeigt? Mit Ebenholzgriff und Eisenhandschuh.«

»Von Rösle, oder? Von denen ist auch mein Messerblock, du weißt schon, der mit Griffen aus Zedernholz.«

So geht das weiter, minutenlang, stundenlang, so lange die Lammhaxe schmort oder das Kaninchen mariniert oder die Meerbarbe brutzelt. Denn, wie gesagt, darunter macht es kein Mann. Ich kenne jedenfalls keinen (höchstens hier und da einen Hausmann), der weiß, wie man einen Eintopf zubereitet und es womöglich schon einmal getan hat. Oder der regelmäßig Bratkartoffeln macht. Oder am Sonntagmittag seiner Familie zuruft: »Ich geh mal kurz in die Küche und wärme die Linsen von gestern auf.« Nein, all das überlassen Männer großzügig ihren Frauen und konzentrieren sich lieber auf das kommende Weihnachtsmenü.

Männerkochen, das steht fest, ist ein Akt allergrößter Kreativität und Hingabe. Es versteht sich deshalb von selbst, dass bei allen Küchentätigkeiten ausschließlich das Gelingen des Gerichts im Vordergrund steht. Nebensächlichkeiten wie Töpfe in die Spülmaschine räumen, Teller zusammenstellen, Brettchen und Siebe in die Spüle legen und dergleichen werden als Zumutung empfunden. Mehr noch: Gerade das Chaos wirkt inspirierend! Wo sind denn die zermörserten Wacholderbeeren? Ach hier, unter den Dessertschalen. Wenn nach gelungenem Mahl dann der Espresso schmeckt, erwartet der Kochmann den herrlichen Satz: »Es war wirklich großartig! Das Aufräumen übernehme aber jetzt ich!«

Und wenn sich die Frau weigert, diesen Satz auszusprechen? Na gut, dann gibt's das nächste Mal halt wieder Salat.

Neulich im Coco

Deng trägt ein oranges T-Shirt mit der Skyline von Manhattan, obwohl er noch nie in New York war und wahrscheinlich auch nie dorthin kommen wird. Deng ist 22 Jahre alt, er hat schwarze, volle Haare und ein freches Grinsen. »Okay, Sir«, sagt er und stellt ein Schälchen mit einer Soße auf den Tisch, deren Inhalt verdächtig nach grünem Chili aussieht. »Probieren Sie das mal!« Deng grinst noch ein bisschen breiter und mir ist völlig klar, dass ich verdammt aufpassen muss mit dem Teufelszeug in der Schale. Deng gibt mir ein Stückchen Jackfruit, die draußen auf dem großen Baum gewachsen ist, ich tunke es zaghaft in die Soße und probiere. Es ist ungefähr so, wie wenn man einen herzhaften Schluck glühender Lava zu sich nimmt. Deng reicht mir ungefragt eine Tasse gedämpften Reis herüber. Zum Löschen.

Wir sitzen in der Küche eines Restaurants mit dem schönen Namen »Coco«, der sehr passend gewählt ist, weil das Lokal inmitten eines etwas verwilderten tropischen Gartens steht, mit Palmen, Bananenstauden, Jackfruitbäumen und jeder Menge exotischer Blumen. Ungefähr 50 Meter unterhalb beginnt der mit Mangroven bewachsene Strand, genauer gesagt: der Rai Leh East Beach in der Nähe von Krabi, einer Provinzstadt im Süden von Thailand. Das Coco ist ein sympathisches, großes Lokal mit einem etwas wacklig zusammengezimmerten Holzdach, ebensolchen Stühlen – und mit phantastischem Essen. In Blätter eingewickelte Hühnchenteile, nach Zitronengras duftende Fischcurrys, Meeresfrüchte in Kokosmilch, Papayasalat mit Scampi: Jeder, der sich fürs Kochen begeistert, möchte in einem solchen Lokal in die Küche stürmen und stundenlang den Köchen bei der Arbeit zuschauen. Ich hab's gemacht. Küche? Gerade für uns Spaßköchler und Chromgeschirr-Fetischisten, die Zielgruppe aller exklusiven Thermobodenpfannen-Hersteller, ist der Besuch einer Küche in der Art des Coco ziemlich interessant: Es geht nämlich auch anders. Es geht auch mit verbeulten Blechtöpfen und Holzschöpflöffeln. Es geht auch mit einem Propangaskocher – vielleicht sogar besser als mit dem High-Tech-Herd mit Ceranplatten. Es geht überhaupt alles deshalb so gut, weil es auf unseren ganzen Schnickschnack nicht ankommt.

Die Küche des Coco ist eine Holzhütte mit Wellblechdach, deren Einrichtung praktischer und schlichter nicht sein könnte: Ein Tisch für jeden Posten, einer für Fisch, einer für Fleisch, einer für Gemüse, einer für Suppen und Nachspeisen. Zwei offene Grills. Acht Köchinnen und Köche arbeiten hier: Sao zum Beispiel, eine vielleicht 50-jährige Frau, die ihr langes Haar zu einem Knoten zusammengebunden hat, putzt und schneidet Ananas und faltet Bananenblätter, die junge Toei mariniert Garnelen mit einer Beize aus Limonensaft und Chili, und Deng schwenkt das Fleisch im Wok; jedesmal, wenn er mit kühnem Schwung etwas Kokosöl nachgießt, gibt es eine Stichflamme, die fast bis an die Decke schießt.

»Spicy fish? No problem!« – Sao spricht nur wenig Englisch, aber wenn sie ihrem Besucher etwas erklären will, macht das nichts. »Now you look!« Sie nimmt einen schweren Mörser und eine Schale aus Eisen, wirft grob zerkleinerte, getrocknete rote Chilischoten hinein und beginnt zu stampfen. Klar, meint sie, wir hätten für solche Arbeit ja Küchenmaschinen. Aber: »This way it is better.« Nach und nach kommen hinzu: ganze Knoblauchzehen, klein geschnittenes Zitronengras, Zwiebelchen, Limonensaft, etwas Ingwer. Sao stampft und stampft, die Mischung wird langsam weich, zu einer Paste. Darf ich auch mal? Ich nehme den Mörser zur Hand, Sao ist begeistert: »Good man! You come every day.« Gelächter in der Küche.

Auf den Herden dampfen riesige Töpfe mit Hühnersuppe und Fischbrühe, in der Ecke zischt es im Wok, mir läuft der Schweiß von der Stirn. Dabei ist erst nachmittags, die Zeit der Vorbereitung. Gelegentlich mal ein Chicken Curry mit Reis oder eine Kokosnuss-Suppe – mehr ist jetzt nicht gefragt. Die Touristen baden und schnorcheln drüben am schneeweißen Phra Nang Beach oder klettern über die Felsentürme von Krabi. Aber abends, sagt Deng, wenn die Tische voll besetzt sind, dann geht es hier richtig rund. Jeder Griff sitzt, alles geht Hand in Hand. Toei lacht: »It's action.« Dabei knallt sie mit der Faust auf ein flach liegendes Küchenbeil, unter dem einige Zitronengras-Stangen zerquetscht werden. Der Duft vermischt sich mit dem Aroma der siedenden Hühnerbrühe.

Zurück zum gewürzten Fisch: Köchin Sao filetiert ein großes Stück Schwertfisch, schneidet die Filets in handtellergroße Stücke, reibt alles mit der Chili-Limonen-Zitronengras-Paste ein und lässt es einige Minuten einziehen. Dann legt sie die Stücke auf ein Bananenblatt, faltet es kunstvoll zusammen und legt schließlich alles in einen Dampftopf. Die Gäste bekommen die Portionen warm auf den Tisch – »kein Thai würde das so essen«, erklärt sie. Warum nicht? Wie dann? »Cold.« Natürlich, blöde Frage. Thais essen Fisch kalt, das müssen sie einem ahnungslosen Deutschen erst mal erklären. Wer es einmal probiert hat, schmeckt warum: Viele Geschmacksnuancen kommen kalt oder lauwarm viel besser zur Geltung als heiß. Es ist nur ungewohnt.

Überhaupt: Was sie im Coco nicht alles tun, um dem komischen Geschmack der westlichen Ausländer, der *falangs*, gerecht zu werden. Ob Traveller mit Riesenrucksack oder sportlicher Kletterer, ob Studentin mit Kleinkind oder Pauschaltourist mit Schmerbauch – alle sind sie *falangs*, und alle haben sie im Prinzip die gleichen Vorlieben: »They dont like if it's hot«, sagt Deng – zu scharf darf es nicht sein. Deshalb verwendet die Coco-Mannschaft die großen, roten Chilischoten, die viel milder im Geschmack sind als die kleinen. Deshalb servieren die Köche den Fischcurry heiß, und deshalb wickeln sie Fleisch und Geflügel in Blätter ein – die Europäer und Amerikaner halten das für enorm asiatisch.

Ich lerne eine Menge an diesem Nachmittag; zum Beispiel, wie man ein herrliches Dessert aus zerdrückter Banane und Zucker herstellt, oder wie mit Hilfe einer rotierenden Maschine die harte Kokosnuss zu *coconut cream* verarbeitet wird. Und doch reichen ein paar Stunden nicht aus, um auch nur ein wenig vom Geist dieser faszinierenden Küche, von diesem aufregenden Kochstil zu begreifen. Sao, Toei, Deng und die anderen stehen jeden Tag in ihrer Wellblechhütte, immer wieder variieren sie ihre alten Rezepte und lassen sich neue einfallen. Und wenn ich völlig hingerissen bin von einem Gericht, fragen sie beiläufig: »You like it?«

Als ich mich verabschiede, hat Sao übrigens noch einen guten Tipp parat. Wenn ich wirklich etwas über die thailändische Küche erfahren wollte, dann, ja: »You must marry a girl from Thailand!«

»Aber ich bin schon verheiratet.«

»Okay, then you often come here – dann musst du halt oft bei uns essen!«

Rituale nach Feierabend

Und was machst du heute abend? Also, wir gehen ins Kino, und nachher vielleicht auf einen Drink in Schumann's Bar, heute bleibt der Babysitter länger, das muss man doch ausnutzen! Oder sollen wir essen gehen, zu diesem neuen Italiener? Wir sehen uns, ja? Bis nachher.

In diesen Momenten sage ich nichts. Einfach abwarten, bis der Kollege seinen Aktivitätsanfall überwunden hat und abgerauscht ist. Familienväter, die Ausgang haben, sind unerträglich. Ich werde nicht kommen. Ich habe etwas anderes vor, etwas viel Wichtigeres, und wenn der Kollege etwas aufmerksamer hingeschaut hätte, wäre ihm die Plastiktüte unter meinem Schreibtisch aufgefallen, aus der einige Lauchstangen ragen. Schließlich habe ich mich vorhin kurz unerlaubt vom Arbeitsplatz entfernt, um einzukaufen, hihi. Heute wird gekocht! Normannische Lammkoteletts mit Lauchgemüse, nichts Aufwändiges, aber genau das Richtige zur Entspannung nach einem langen Arbeitstag.

Es gibt Menschen, die machen Yoga zur Erholung, andere schalten die Glotze an oder lesen die ›Bunte‹. Ich koche. Am Küchentisch, die frischen Zutaten vom Viktualienmarkt ausgebreitet, fällt bald jede Anspannung von mir ab; renitente Mitarbeiter sind mir ebenso egal wie durchgeknallte Chefs, und jedes Problem, über das ich mir tagsüber den Kopf zerbreche, verliert im Lichte einer Küchenlampe betrachtet seinen Schrecken. Alles ist so klar. Eine Gemüsebrühe ist eine Gemüsebrühe ist eine Gemüsebrühe. Man muss es nur richtig anstellen.

Man muss dazu allerdings auch den immer gleichen Angewohnheiten nachgeben, sonst funktioniert es nicht. Bei mir gehört beispielsweise dazu, dass ich alleine bin bei dieser Art des Kochens. Ich freue mich darauf, mich beim Essen und den weiteren Abend lang mit meiner Frau zu unterhalten, aber in der Küche muss sie mich alleine lassen – mit mir, meinen Küchengeräten und meinen Gedanken. Nicht, dass die Kocherei bei mir eine besonders tiefsinnige Angelegenheit wäre. Es ist nur eine kurze Sendepause im Getöse des Alltags.

Was gehört noch dazu? Natürlich ein Schluck Kochwein, zur richtigen Einstimmung. Ganz egal, ob es später zum Essen einen großartigen Bordeaux gibt oder eine Flasche Chianti aus dem letzten Urlaub – der Kochwein zum nebenher Trinken ist etwas ganz Einfaches, bei mir am liebsten ein ziemlich saurer italienischer Tafelwein. Natürlich trinkt man ihn nicht aus dem hohen, eleganten Kelch, sondern aus einem ganz kleinen Glas, in dem die Griechen ihren Retsina servieren. Und nicht mehr als zwei Gläschen – man will ja nicht lallend das Essen servieren.

Schließlich ist für mich die Frage der Arbeitsunterlage von enormer Bedeutung. Bevor all die Karotten und Zwiebeln, die Hühnerteile oder Fischfilets und dazu ein großes Schneidebrett auf dem Tisch ausgebreitet werden, lege ich eine Zeitung auf die Fläche. Das hat zwei Vorteile: Erstens kann man während des Zwiebelschneidens nachlesen, wie sich der Neue Markt entwickelt oder welche Band gestern in der Olympiahalle gespielt hat. (Also kurz vorher nachdenken, ob man den Wirtschaftsteil oder das Feuilleton nimmt.) Und zweitens dauert das Aufräumen der Kartoffelschalen, äußerer Salatblätter, Fischgräten, abgezupfter Federn und Petersilienstiele genau drei Sekunden – bis die Zeitung zerknüllt und in den Abfall geworfen ist.

Versteht sich, dass ich für das Zwischenlagern bestimmter Zutaten, etwa zerkleinerter Knoblauchzehen, immer die gleichen Schüsseln oder Tassen verwende. Und dass jede Pfanne, jeder kleine Topf für eine spezielle Sache, sei es das Einkochen einer Sauce oder das Karamelisieren von Zucker, vorgesehen ist. Oregano schmeckt nur, wenn ich ihn aus dem Glas nehmen kann, das früher einmal Sardellen enthielt. In einem Gurkengefäß lagern die Muskatnüsse aus Grenada, und das höllisch scharfe Aglio-Olio-Peperoncino-Gewürz aus dem kleinen Laden in Venedig habe ich in eine Teedose geschüttet. So ist in unserer Küche ein schöner Kreislauf im Gange, der vermutlich damit enden wird, dass wir irgendwann die Sardellen in einem Oreganoglas aufbewahren.

Also, her mit den Lauchstangen. Heute nehme ich als Unterlage das »Panorama« – mal sehen, was es gestern wieder für aufregende Katastrophen gegeben hat. Schnippel schnippel schnippel und zwischendurch ein Schluck Wein. Hübsch sehen sie aus, die Lammkoteletts. Rein in den Mörser mit den Kräutern. Dieser Duft! Was für ein Vergnügen!

Das nächste Mal gehe ich wieder mit ins Kino, versprochen.

Die Kochkrise

Das darf doch nicht wahr sein! Wieder alles zu. Der HL-Markt, der Gemüsestand, sogar die Lebensmittelabteilung vom Kaufhof: leider geschlossen. Warum passiert das immer mir? Die Kollegen gehen doch auch zu vernünftigen Zeiten aus dem Büro und anschließend zum Einkaufen. Nur ich stehe wieder mal da, um zehn nach acht, ohne irgendwas fürs Abendessen besorgt zu haben. Andererseits: Sind solche Momente nicht die wahren Herausforderungen für uns Köche? Ein Menü mit den richtigen Zutaten herzustellen, womöglich auf einer langen Liste aus dem Kochbuch abgeschrieben – das kann doch jeder! Die echte Könnerschaft zeigt sich beim Improvisieren.

Mal nachsehen, was noch alles da ist. Im Gemüsekorb liegen Zwiebeln und Kartoffeln. Vielleicht Bratkartoffeln? Zu anspruchslos. Zu fettig. Die Schublade mit den Dosen aufziehen. Königinpasteten. Nee, darauf habe ich jetzt wirklich keine Lust. Die können bis zur nächsten Kochkrise warten, sie sind noch zehn Jahre haltbar. Linseneintopf mit Speck? Auch nicht wirklich. Ist ja interessant, wie selten man als ambitionierter Koch diese Dosen verwendet. Man kauft sie für den Notfall – doch tritt er ein, hat man keine Lust auf das Zeug.

Apropos Linseneintopf: In der Speisekammer müssten doch irgendwo diese seltsamen roten Linsen aus Marokko liegen. Was stellt man damit nur an? Vermutlich muss man sie erst drei Tage einweichen, also weg damit. Aber die getrockneten Tomaten vom Gardasee. Zwei Gläser voll haben wir – superbillig auf dem Markt von Salò eingekauft. Aber, leider: Keine Ahnung, wie man sie zubereitet. Einmal habe ich sie kleingeschnippelt und angebraten, da schmeckten sie wie Hartgummi. Wahrscheinlich muss man sie in Öl einlegen und tagelang marinieren lassen – kommt also auch nicht in Frage.

Okay, gehen wir mal die Standards durch: Risotto mit getrockneten Steinpilzen. Keine Steinpilze da, kein Käse da. Halt, hier ist noch Pizzakäse aus der Packung … Moment, Haltbarkeitsdatum überprüfen … oh! Schon länger keine Pizza mehr gemacht, ab in den Mülleimer. Kein Risotto, keine Pizza. Wie wär's mit Spaghetti mit angebratenen Salbeiblättern? Im Sommer ist das eines meiner Lieblingsgerichte und in der warmen Jahreszeit wächst der Salbei auf dem Balkon. Aber jetzt? Ein Blick nach draußen signalisiert: Öde im Blumentopf. Nicht mal das kleinste, verschrumpeltste Salbeiblättchen ist noch da. Ein schlimmes Schickal hat leider auch unsere schönen Zierbohnen ereilt. Alle sieben Bohnen erfroren. Mist, sonst könnte ich jetzt ein 1a-Gemüsegericht machen. So wie damals, als der Tomatenstrauch auf unserem Balkon genau 1 essbare Tomate produziert hatte. Das war ein Festmahl – mit Salz, Pfeffer und Oregano gewürzt servierte ich die Tomate als Höhepunkt eines Sonntagsfrühstücks.

Was bleibt noch? Das Dreisternefach im Kühlschrank. Tiefkühlerbsen, Eiswürfel, Spinat … und was ist das? Fischstäbchen. Die könnte man doch etwas verfeinern, vielleicht mit dieser ultrascharfen Pfeffersoße aus Vietnam. Dazu als Dip die Steaksauce, die seit der BSE-

Krise auf eine neue Verwendung hofft. Aber ist das alles nicht zu – ich weiß nicht. Gewagt. Verrückt. Für einen Dienstagabend!

Jetzt gibt es noch zwei Möglichkeiten. Nummer 1: Im Picknickkorb, der in der Kammer im Regal ganz oben hinter den Skiern und dem Zelt liegt, müsste eine Dose Thunfisch sein. Aber: Habe ich jetzt Lust, die Leiter zu holen und diesen verdammten Korb herauszuräumen? Und wenn dann doch nur eine Dose Ravioli drin ist? Ich nehme Möglichkeit 2.

»Hallo, ist hier der Sushi-Service?«

Weißwürst' um halb zwölf

Die Kocherei, man weiß es, gehört zu den kompliziertesten Wissenschaften der Welt und ist in viele Unterwissenschaften eingeteilt. Dazu zählt die korrekte Bedienung eines Pürierstabes ebenso wie das Zusammenmischen von Salz, Eigelb und Wasser für eine »Lachsforelle in der Salzkruste«, ein Rezept, über das bereits mehrere Doktorarbeiten geschrieben wurden. Von den Küchenausschweifungen der Nouvelle Cuisine ganz zu schweigen. Und doch sind es nicht etwa die komplizierten internationalen Gerichte, die am leichtesten misslingen, nein, es sind die regionalen, bodenständigen. Der Grund dafür ist klar: Die internationale Küche ist tolerant; sie läßt mehrere Versionen etwa für eine Seezunge zu, während die Helden der regionalen Gaststätten oft verbohrte Sturschädel sind und nur eine Art der Zubereitung akzeptieren. Etwas freundlicher ausgedrückt: Regionalköche achten auf die Tradition.

Nehmen wir die bayerische Küche. Wer etwa im Münchner »Franziskaner« versucht, Schweinswürstl mit Ketchup zu bestellen, wird von der Kellnerin mit derart verächtlichem Blick gestraft, dass sich selbst hartgesottene Düsseldorfer zu fürchten beginnen. Das gleiche gilt auch für andere schauerliche Kombinationen wie Schweinsbraten mit Pommes. Wer eine Bauernente braten will, hat immerhin die Wahl zwischen einer Füllung mit Äpfeln und Zwiebeln und einer Füllung mit eingeweichten Semmeln, kleingehackten Innereien und Petersilie – da ist er ganz offen, der Bayer. Null Toleranz dagegen kennt er bei dem vielleicht Münchnerischsten aller Gerichte: der Weißwurst.

Natürlich sind auch über diese Spezialität endlose Abhandlungen geschrieben worden, deren Kernsätze lauten: Der Plural der Weißwurst ist Weißwürst' und nicht etwa Weißwürste; man bestellt sie niemals als Paar, sondern immer in der Stückzahl (»zwoa Stück«); sie dürfen auf keinen Fall kochen, sondern müssen im heißen Wasser ziehen; man isst dazu süßen Senf und eine Breze, alles andere gilt als Todsünde. Über die Frage der richtigen Wurstzerteilung – wird sie längs oder quer geschnitten oder gar aus der Haut »gezuzelt« – können Experten stundenlang diskutieren. Und ganz wichtig ist natürlich diese Regel: Die Weißwurst darf das 12-Uhr-Läuten nicht hören.

Versteht sich, dass gerade Neu-Münchner, was die Tradition betrifft, nichts falsch machen wollen. Man kann das gut auf dem Oktoberfest beobachten, wo die feschesten Dirndl und Lederhosen meistens Leute tragen, die ansonsten durch einen scharfen Ruhrpott-Dialekt auffallen.

Was die Weißwürst' angeht, haben sich unsere Bekannten, die kürzlich aus Aachen in ein kleines Dorf bei München gezogen sind, wirklich Mühe gegeben mit der Zubereitung. Einmal muss man das doch ausprobieren! Beim besten Metzger in der Gegend kauften sie ein. Das Wasser ließen sie nicht zu heiß werden. Der süße Senf stand bereit. Alles war bestens. Und trotzdem bekam die Familie richtig Bauchweh von der Mahlzeit. Warum nur? »Ich habe die Würste doch sogar vor 12

Uhr gemacht, wie es sich gehört«, beteuert die Frau. Obwohl das ja schwierig war, weil der Mann normalerweise immer erst um eins zur Mittagspause nach Hause kommt. Am ersten Tag schaffte er es nicht früher, am zweiten nicht, am dritten nicht und am vierten Tag auch nicht. Und jedesmal wanderten die Weißwürst' zurück in den Kühlschrank.

Ich und mein Bratschlauch

Ich hätte es nicht tun sollen. Das ganze Geschwätz von »Fettfallen« und »Power-Snacks« und »Low-Fat-Rezepten« – einfach ignorieren wäre besser gewesen. Doch jetzt ist es zu spät. Sobald ich von einer Kochorgie mit bayerischem Schweinebraten und Knödeln träume, meldet sich das schlechte Gewissen. Koche gesund! Verwende frisches Gemüse! Blanchiere dieses Gemüses nur kurz, damit es alle seine Vitamine behält! Solches Zeug sagt mein schlechtes Gewissen, und vor allem: Pass auf, dass kein Gericht mehr als 30 Prozent Fett enthält, sonst wirst du immer dicker und mutierst schließlich zur Tonne!

Schuld an der ganzen Misere ist übrigens der hilfreiche Tipp meiner Frau, ich solle doch einmal meinen »Body Mass Index« ausrechnen. Body Mass Index? Na klar, sagte sie fröhlich, du hast wohl noch nie etwas von »Low Fat« gehört – also von jener hypergesunden Lebens- und Kochart, die mit geringem Fettanteil auskommt, und trotzdem schmeckt alles supertoll. (Eine der schlimmsten Eigenschaften der Gesund-Kocher und ihrer Vorbeter in Kochbüchern und Frauenzeitschriften ist übrigens dieser penetrant gut gelaunte Tonfall, in dem sie ihre Entsagungs-Botschaften verkünden.) Also, Body-Mass-Index-Ausrechnen geht so: Körpergewicht in Kilo geteilt durch Körpergröße in Meter hoch zwei. Wer einen Wert über 25 ermittelt, hat Übergewicht.

Ich hatte mich figurmäßig bisher immer als halbwegs erträglich eingeschätzt, doch mein BMI-Wert signalisierte: Kehr um auf dem Weg in die Verfettung, kaufe massenweise Low-Fat-Literatur, werfe Butter und anderes Teufelszeug weg, iss nur noch Margarine. Glücklicherweise haben die meisten meiner Freunde ähnliche BMI-Werte wie ich, so dass wir nun munter drauflos-kochen können. Wobei schon die psychologische Vorbereitung auf ein Low-Fat-Menü enorm wichtig ist: Man muss sich immer wieder einreden, wie unheimlich toll es ist, gesund zu leben. Hey, super, wir backen einen Möhrenkuchen mit Weizenvollkornmehl und selbst gemahlenen Haselnüssen! Kein Cholesterin, keine abscheulichen gesättigten Fettsäuren. Es macht ja so was von Spaß, die ganze Vielfalt der Vitamine zu erleben!

Wie gut, dass die Kochbuch- und Ratgeberverlage uns nicht alleine lassen mit unserem Problem. ›Low Fat fürs Büro und unterwegs‹ hilft über die schlimmsten Krisen am Arbeitsplatz hinweg (»Essen Sie zwischendurch zu Stiften geschnitzte Karotten«) und Werke wie ›Low Fat für Genießer‹ eröffnen uns die aufregende Welt der Gesundkocherei. Zum Beispiel das Rezept »Hähnchen mit Kürbis im Bratschlauch«. Bratschlauch? Ich kannte bisher nur Fahrrad- oder Gartenschläuche – beides Utensilien, die zum Kochen völlig ungeeignet sind. Nein, ein Bratschlauch ist eine Art durchsichtige Zellophantüte, in die Fleisch und Gemüse reingesteckt werden, und die sich im Ofen aufbläst. Dadurch wird alles »schonend gegart« (einer der Lieblingsbegriffe der Rezept-Poeten).

Ketzerische Frage zwischendurch: Will ich das alles überhaupt? Will ich schonend gegarten Kürbis essen, der doch schon total fad schmeckt, wenn man ihn wie der Teufel gart? Will ich – kein Diabetiker, nicht magenkrank, nicht übertrieben dick – nach Rezepten kochen, die allesamt klingen, als wären sie entweder im Lehrgang für die Altersheimküche oder im Toskana-Workshop entwickelt worden? Ist es mir, ehrlich gesagt, nicht ziemlich wurscht, dass ich keinen supersexy Waschbrettbauch mehr habe?

Bei der Beantwortung dieser Fragen stoßen wir leider wieder auf jene Weisheit, die unser ganzes Dasein als Freizeitköche begleitet: Kochen ist nicht einfach Kochen, sondern eine Haltung dem Leben gegenüber. Kochrezepte sind damit so etwas ähnliches wie Mode: Zugrunde liegen menschliche Grundbedürfnisse und immer wieder – beim Anziehen wie beim Kochen – variiert man das Altbekannte. Doch in der jeweils aktuellen Form haben sowohl die Mode als auch das Kochen etwas mit der Gegenwart zu tun, mit den Stimmungen, dem Geschmack, vielleicht auch mit den Ängsten der Menschen.

Was daraus folgt? Ganz einfach: In Zeiten von BSE ist gesunde Küche okay. Wahrscheinlich muss sie sogar sein. Der ganze Low-Fat-Fimmel passt gewissermaßen in unsere Gesellschaft, und man darf sich (auch wenn es schwer fällt) nicht wirklich über ihn lustig machen. Ich glaube nicht, dass man nie wieder Rumpsteak oder Schweinsbraten oder Lachs zubereiten sollte. Aber wer es ständig tut, ohne über Lebensmittelfabriken und Schweinepest und Tiermehlverfütterung nachzudenken, ist nichts weiter als ein Depp – auch davon bin ich überzeugt.

Das Problem ist nur: Wer einmal damit anfängt, kommt nicht mehr davon los. Eine Kollegin beispielsweise hat die einschlägige Gesundkoch-Literatur inzwischen durch, weshalb sie sich nun spannenderen Werken zuwendet, etwa dem Band ›Kochen mit dem Mond‹. Unverständlicherweise sind mir ja bisher die Auswirkungen der Mondphasen nicht aufgefallen, dabei spielen sie gerade in der Küche eine höchst dramatische Rolle. Es ist nämlich so, dass der zunehmende Mond naheliegenderweise dafür sorgt, dass die Menschen zunehmen, während der abnehmende beim Abnehmen hilft. Alles ganz einfach – übrigens wird der Effekt verstärkt, wenn man bei Neumond eine Fußreflexzonen-Selbstmassage macht.

Ich persönlich neige dagegen eher zu den bodenständigen Gesundheitsrezepten. Also, was sagt zum Beispiel der ›Low Fat Kompass‹? Er beschreibt auf 70 Seiten, welche Lebensmittel konsumiert werden dürfen, weil sie ziemlich fettfrei sind, und bei welchen man aufpassen muss. Das ist großartig. Zum Beispiel sind erlaubt: »Knödel, echt bayerische, von Pfanni, 1 Port.« Wer hätte das gedacht? Oder »Fruchtgummi, Haribo«. Oder die »Frucht-Bombe, Schwartau«. Nicht zu reden vom »Schweinefleisch Trinidad, Maggi«.

Morgen muss ich unbedingt alle Zutaten für das Vollkornrisotto mit Tomaten und Tofu kaufen. Und ganz dringend ein paar Bratschläuche.

Generationenkonflikt am Herd

Meine lieben Mütter, Väter, Großeltern und betagteren Verwandten! Ich weiß, ich kann das alles überhaupt nicht beurteilen. Ich habe wirklich absolut keine Ahnung. Wie schlimm das damals war, als ihr nichts zu essen hattet in den Jahren nach dem Krieg. Wie ihr tagsüber, wenn es gut ging, eine karge Graupensuppe geschlürft und dafür nachts von Schokolade und Sahnetorten und von fettigem Fleisch geträumt habt. Das waren Zeiten! Nicht zu reden von Opa, der in der russischen Gefangenschaft, wenn ich alles richtig verstanden habe, jahrelang überhaupt nichts gegessen hat.

Aber, ihr Lieben, ich bitte um Gnade! Schließlich kann ich nichts dafür, dass ich im Wirtschaftswunderdeutschland aufgewachsen bin. Dass ich, wie ihr immer sagt, nicht weiß, »was Hunger ist«. Und dass ich deshalb auch beim Kochen einen – nennen wir es: entspannteren – Umgang mit Lebensmitteln pflege.

Ja, schon klar, es bereitet euch elendige Schmerzen, wenn ihr mir dabei zusehen müsst, wie ich den Fettrand des Schweinebratens wegschneide und erbarmungslos in den Abfall schmeiße. »Uuuuuuh, das ist doch das Beste!«, bekomme ich dann zu hören. Das sind die Momente, in denen ich spüre, dass ihr es wirklich ernst meint. In denen ich fühle, was Hunger aus Menschen machen kann. Dass jemand wirklich *gerne* diesen eklig-schwabbeligen Fettbrocken essen würde – das ist für mich und alle euch nachfolgenden Generationen schlichtweg unbegreiflich.

Wobei ich ja verstehen kann, dass man damals, in den Zeiten der Entbehrung, auf derartiges Zeug scharf war. Aber heute! Gut, natürlich wisst ihr alles über vernünftige Ernährung, ihr überprüft regelmäßig euren Cholesterinspiegel und rührt gegebenenfalls das ungesunde Zeug nicht an. Und trotzdem könnt ihr es nicht sehen, wie jüngere Menschen ohne mit der Wimper zu zucken das Innereiensäckchen aus dem Huhn nehmen und entsorgen. Oder auch mal die Wurst der Tonne anvertrauen, wenn sie einen Rand hat.

Lebensmittel wirft man nicht weg – diese Botschaft hat euer Leben geprägt. »Tut mir leid, das steckt einfach in uns drin«, sagt ihr entschuldigend, aber in Wirklichkeit entschuldigt ihr gar nichts. Nicht, dass wir das alte Brot in einer Tüte sammeln und, anstatt Semmelknödel daraus zu machen, es an die Enten im Englischen Garten verfüttern (wobei es die voll gefressenen Vögel meistens gar nicht mögen). Auch seht ihr es ungern, dass wir beim Salatmachen ungefähr doppelt so viele äußere Blätter wegschmeißen, wie ihr das tun würdet. Ein Gräuel ist euch, wenn wir im Restaurant einfach etwas auf dem Teller liegen lassen, bloß weil wir keinen Hunger mehr haben. »Komm, das kannst du schon noch!« Und wenn vom Schmorbraten etwas Soße übrig ist, heißt es: »Fräulein, bringen S' mir bitte mal ein Brot und einen Löffel.«

Wer die Dinge so schätzt wie ihr, will andere unbedingt daran teilhaben lassen. Bin ich bei einem von euch zum Abendessen eingeladen, werde ich alle zwei Minuten aufgefordert: »Los, nimm doch noch ein Stück Fleisch!« Und wehe, ich erwähne höflich, dass ich schon drei Stück gegessen habe und einfach nichts mehr herunterbringe – sofort ernte ich ein erbostes »Schmeckt es dir nicht??« Und meine Begleiterin einen schiefen Blick und die Bemerkung: »Ach so, wegen der Linie!«

Ich weiß ja, ihr meint es nicht so. Ihr glaubt, die Menschen sitzen hungrig am Tisch und trauen sich aus Höflichkeit nicht, ein weiteres Stück zu verlangen. In eurer Jugend galt es als zuvorkommend, die Gäste zu bemuttern und zu bedienen. Doch heute wirkt es leider nur aufdringlich.

Habe ich schon eure Marotte erwähnt, unbedingt alles aufzuheben? Am liebsten in diesen gräßlichen Tupperware-Boxen, deren bloßer Anblick mich zur Verzweiflung bringt. Obwohl sie ja so wahnsinnig praktisch sind! Man kann darin Aufschnitt und Käse und den restlichen Nudelsalat aufbewahren, bis das Zeug grün und schimmlig wird. Angesichts der vielen Plastikschachteln im Kühlschrank ist immer eine Überraschung zu erwarten: »Ja, da schau her, die Linzertorte vom 1. Advent« – diese gehört zu den harmloseren.

Wie bitte, das klingt konsumgeil und arrogant? Es mag ja sein, dass ich selbst deformiert bin. Dass auch mich die Zeit, in der ich erwachsen geworden bin, stärker geprägt hat, als ich das zugeben will. In die Geschichte werden die 70er-, vor allem aber die 80er-Jahre des vergangenen Jahrhunderts einmal als die Dekaden der Verschwendung und der Genuss-Sucht eingehen. Als Zeit, in der die Nouvelle Cuisine erfunden wurde und es auch zu Hause schick war, Edelfischmousse an zwei glacierten Karottenstiften zu servieren – und man den Rest der Fische und das übrige Gemüse einfach wegwarf.

Ja, meine lieben Mütter, Väter und Großeltern, so viel Selbstkritik hättet ihr jetzt nicht erwartet, was? Aber ich sehe es schon kommen: Eines Tages wird es mir genauso gehen wie euch. Irgendwann, als alter Mann, werde ich bei meinen Kindern zum Essen eingeladen sein. Es wird Schweinsbraten mit Knödeln geben. Und wenn ich die Hälfte stehen lasse, wird meine Tochter eine Tupperware-Schachtel holen, mir den Arm um die Schulter legen und sagen: »Schau, Papa, das packen wir ein, damit du morgen auch noch etwas hast. Aber schmeiß es nicht gleich weg.«

Gegrillte Fledermäuse zum Dessert

Von Zeit zu Zeit geraten selbst die phantasievollsten Köche in die Krise. Was ist eigentlich so Besonderes an dieser Kocherei? Normalerweise gehört das Studieren von Kochbüchern zu unseren liebsten Beschäftigungen: Mal sind die Beschreibungen kurz und sachlich gehalten, mal haben wir es mit herrlich ausgestatteten und farbig illustrierten Bänden zu tun – und doch, so scheint es uns in solch zweifelnden Momenten, klingen alle Rezepte gleich. Fisch, Fleisch, Huhn, Gemüse. Vorspeisen, Hauptspeisen, Desserts. Tipps, wie man Zwiebeln schneidet und eine Poularde zerlegt. Immer wieder Champignoncremesuppe. Immer wieder Zanderfilet im Wurzelsud. Und sonst? Warum, zum Teufel, gibt es nichts Neues?

Nein, ich meine jetzt nicht ›Die Lieblingsrezepte von Charlie Brown und seinen Freunden‹ oder ›Kochen mit der Maus‹. Das mögen originelle Bücher sein, aber sie lösen nicht unser Problem. Es geht nicht um eine neue Aufmachung, es geht um neue Kochideen. Könnte man nicht mal eine Tomate mit Orangenmarmelade füllen? Wie schmeckt eigentlich ein Zander, wenn man ihn mit Honig bepinselt? Wahrscheinlich scheußlich, oder? So enden sie meistens, die gewagten Phantasien.

Wie gut, dass es Leute gibt, die uns das Vordenken abnehmen. Die wirklich Revolutionäres in der Küche vollbringen. Sie nennen sich »Junge Wilde« und es handelt es bei ihnen um eine Gruppe junger Köche, die unerschrocken die Traditionen zertrümmert; vergleichbar mit superwilden Theaterregisseuren, die so lange auf die Klassiker eindreschen, bis sie kein Mensch mehr erkennt. Was dem Theatermann sein Schiller, ist dem Koch seine Schillerlocke. Der eine lässt Franz die Kanaille als Punk wüten, der andere gießt Schokoladensoße über den Räucherfisch.

Letzteres war kein Witz. Der Koch Stefan Marquart, Küchenchef eines Yuppie-Tempels, setzt solches Zeug seinen Gästen wirklich vor. Seine Vorspeisen heißen »Champagnerrahmsuppe mit gratinierten Austern« und als Hauptgericht gibt's zum Beispiel »Kutteln mit Blutwurst und Zander«. Den Klassiker Saltimbocca fabriziert der Mann nicht etwa mit Kalbsschnitzeln, sondern mit Seeteufel. Und für das Erdbeereis zum Dessert verwendet er Kondensmilch statt frischer Sahne.

Das kommt unseren Forderungen nach mehr Phantasie in der Küche schon mal ziemlich nahe. Was jetzt noch fehlt, sind revolutionäre Zutaten. Etwas wirklich anderes, etwas, vor dem man sich normalerweise ekelt … vielleicht Wanzen und Würmer? Genau! Der französische Ingenieur und Autor Bruno Comby stößt in diese Lücke und hat das Buch ›Köstliche Insekten‹ vorgelegt. Die Tierchen, so Combys Theorie, schmecken nicht nur großartig, sie sind auch geeignet, um den Hunger in der Dritten Welt zu bekämpfen.

Er selbst verzehrt Insekten am liebsten roh und lebend, für konventionelle Esser hat er aber einige afrikanische und orientalische Rezepte wiederentdeckt. Bienen schmecken, so Comby, nach Lebkuchen, Insektenlarven zergingen wie Butternudeln auf der Zunge. Und der Geschmack von Fliegen sei dem von Kaviar sehr ähnlich.

Da sind wir doch gespannt, wann Herr Marquart in seinem Münchner Restaurant ein zünftiges Insektenmenü serviert. Bis es soweit ist, halten wir uns lieber doch an Zander im Wurzelsud.

Wirf den Campingkocher an!

Camping? Normalerweise finden Menschen wie ich so etwas grauenvoll. Wer, wie ich, in einem Kleinst-Reihenhaus in der Münchner Vorstadt aufgewachsen ist (in einer jener Straßen, in denen am Samstagvormittag der Nachbar seinen Opel poliert und die Nachbarin die Geranien düngt) – so einer wünscht sich nichts sehnlicher als diese bestimmte Art von Luxus, die unsere Eltern schlichtweg als Verschwendung bezeichnen: Leute wie ich zahlen gerne 3000 Mark für eine Altbauwohnung in Schwabing, obwohl sie es sich eigentlich nicht leisten können, und sie steigen im Urlaub in teuren, stilvollen Hotelzimmern ab – und wenn es nur für eine Nacht ist. Campingplätze und die mit ihnen verbundenen Rituale – Menschen mit Klorollen in der Hand streben ekligen Waschräumen zu, Familienväter schrauben Satellitenschüsseln ans Wohnmobil – sind für uns schlichtweg indiskutabel und gelten als Horte des entfesselten Spießertums.

Besonders albern am Camping ist die Kocherei vor dem Großraumzelt oder Wohnwagen. »Heute gibt's Spaghettiiii«, flötet Mutti und wirft den extra komfortablen, dreiflammigen Propangaskocher an. Die Miracoli-Soße haben sie von daheim aus Leverkusen mitgebracht, sie passt farblich zur Jogginghose des Vaters. Zum Nachtisch wollen die Kinder ein Eis, es gibt aber Dr. Oetkers Sahnetraum.

Woher ich das alles so genau weiß? Och, nun ja, es gibt eben Situationen im Leben, durch die man einfach durchmuss. Zum Beispiel, wenn die sechsjährige Tochter unbedingt mit dem Papa zum Zelten will. Zum Gardasee, im kleinen Zweimann-Zelt. Sie befiehlt, was wir alles mitnehmen: sieben aufblasbare Schwimmtiere, den Recorder mit 35 Märchen-Kassetten, ihren geliebten Plüsch-Affen (er heißt übrigens Stephan) sowie die einschlägige Pippi-Langstrumpf- und Benjamin-Blümchen-Literatur. Okay, sage ich, dann nehmen wir aber auch einen Gaskocher mit.

Wir haben dann – ich gestehe es – sogar noch zwei Stühle und einen kleinen Holztisch im Kofferraum verstaut. Außerdem: eine Pfanne, zwei kleine Töpfe, diverse Messer, Brettchen – was der ambitionierte Campingkoch halt so braucht. Nicht zu vergessen: zwei Teller und Besteck. Fehlt was? Nö. Vielleicht noch eine Packung Spaghetti, für den Notfall. Ich klappe den Picknickkoffer zu, der auf diese Art endlich einmal zu Ehren kommt. Nichts wie los. Das Kind freut sich auf den See, ich mich auf die erste Mahlzeit. Ein Menü auf dem Zeltplatz, für jeden Freizeitkoch ist das die ultimative Herausforderung!

Einen halben Tag später sind wir am Gardasee, haben das Zelt aufgebaut (und dabei sämtliche Heringe krumm gehauen), die Luftmatratze und die sieben Schwimmtiere aufgeblasen, als das Kind unvermittelt sagt: »Ich hab Hunger! Du wolltest doch was Tolles kochen.« Oje, was soll ich tun? Vor unserem Urlaub habe ich abends italienische Kochbücher studiert und mir vorgestellt, wie zum Beispiel ein Lamm in Rosmarin und Tomaten auf dem Kocher brutzeln würde oder ein Kaninchen mit schwarzen Oliven, während vom See der würzige Duft nach allen Kräutern des Veneto heraufzieht. Dazu müsste es Bandnudeln geben. Und zum Kochen würde ich mir einen frischen Bardolino aufmachen … Und jetzt? Das Kind hat Hunger, und nichts ist da. Ich sage: »Kein Problem. Geh mal zum Spielplatz rauf und komm in zwanzig Minuten wieder, dann ist das Essen fertig.«

Also schön, Lamm und Kaninchen und Bardolino verschieben wir. Jetzt könnte es vielleicht Spaghetti geben, das wär doch was Originelles! Vielleicht mit Tomatensoße? Das Problem ist nur: Unser schöner Picknickkoffer enthält zwar eine Packung Nudeln, aber keine Tomaten, von Dingen wie Salz oder Öl nicht zu reden. Erschwerend kommt hinzu: Der Campingkocher ist ganz neu, man muss zuerst eine Gaskartusche einlegen. Aber wie? Her mit der Gebrauchsanweisung. »Klappen Sie zunächst die Halterung nach vorne, bevor Sie vorsichtig den Brenner …«

Ich klappe und schraube nach Anweisung. Ha! Es zischt, wenn ich den Regler nach links drehe, das ist schon mal gut. Jetzt: Wasser aufsetzen. Moment mal, welches Wasser? Ich nehme den Topf und suche die »Sanitäranlagen« (so heißt das auf Campingdeutsch), wo nach dem Essen immer rudelweise die Hausfrauen stehen und abspülen. Den Topf mit Wasser gefüllt und zurück. Als ich unten am Zelt ankomme, ist die Tochter wieder da, sie hat drei Spielkameraden mitgebracht: zwei kleine Italienerinnen und einen siebenjährigen Jungen aus Leverkusen; er wohnt im Wohnwagen nebenan. Der Junge sagt: »Boah ey, total kleiner Kocher! Und damit will dein Papa echt Spaghetti machen?« – »Na klar!«, antwortet sie nicht sehr überzeugt und schaut mich fragend an. Der Junge: »Ganz schön spät! Wir haben schon vor 'ner Stunde gegessen. Putenschnitzel mit Kartoffeln.«

Ich verfluche kurz alle Campingplätze und alle Jungen aus Leverkusen und zünde den Kocher an. Leider hat der Kleine ja Recht, es ist wirklich verdammt spät. Die meisten Kinder sind schon im Bett, doch wir sitzen am Holztisch und schauen dem Wasser zu, wie es warm wird. Das zieht sich. Wir haben Hunger – und die Aussicht auf Spaghetti ohne alles. Es ist schon fast dunkel und ich studiere die Gebrauchsanweisung für die Gasleuchte; allerdings mit weniger Erfolg als bei dem Kocher. Das Kind will die Nudeln natürlich selbst ins Wasser legen, man sieht kaum mehr etwas, und beinahe wäre alles umgekippt, hätte ich nicht heroisch mit dem Badehandtuch den heißen Topf aufgefangen, wobei leider der Glühstrumpf der Gasleuchte zu Bruch geht.

Jetzt, wo es dunkel ist und alles ein bisschen unheimlich wirkt, muss der Affe Stephan immer dabei sein; kleine Mädchen finden Affen wesentlich beruhigender als Väter. »Ich lass den Stephan mal probieren, ob sie schon weich sind.« Mir ist alles egal, ich fühle mich überfordert. Die Nudeln kochen. Da, plötzlich, ein Geräusch neben unserem Zelt! Das Kind drückt seinen Affen fest an sich. Vor dem Tisch steht der Junge aus Leverkusen im Schlafanzug. In der linken Hand hält er eine Kerze, in der rechten eine geöffnete Dose Thunfisch. Er grinst: »Meine Mama meint, ich soll euch das rüberbringen.«

Spaghetti mit Thunfisch. Jeder bekommt die Hälfte der Dose; wir kippen den Fisch über die Nudeln und vermischen alles. Dazu gibt es zwei Tütensäfte, Geschmacksrichtung Orange. Es schmeckt einfach grandios – Gott behüte die Leverkusener Hausfrau. Auch meine Tochter ist begeistert. Als sie kurz darauf im Schlafsack liegt, sagt sie leise vor dem Einschlafen: »Papa, du hast einfach toll gekocht!«

Ich atme tief durch. Es riecht würzig und vom See weht ein kühler Windhauch herüber. Wir fahren jetzt jedes Jahr zum Zelten.

Demut lernen im Kochkurs

Wie bitte, du kannst kochen? Diese Frage wird mir öfters gestellt und ich weiß nie so recht, wie ich sie einordnen soll. Ganz egal, ob die Betonung auf dem »du« liegt oder auf dem »kochen« – im Grunde ist die Bedeutung immer die gleiche. In etwa: Ein Chaot wie du soll allen Ernstes fähig sein, all diese komplizierten Dinge wie Rezepte abschreiben und Einkaufen und Fisch filetieren organisatorisch in den Griff zu kriegen? Bei dir kann man schon froh sein, wenn man im Restaurant nicht eine Stunde lang warten muss, bis du überhaupt kommst!

Andererseits haben die Zweifel an meinen Küchenfähigkeiten auch wieder etwas Charmantes; sie zeigen, dass man mich als lässigen Individualisten einschätzt, der sich mit etwas so Spießigem wie Kochen überhaupt nicht abgibt. Es ist ja auch etwas dran: Gibt es etwas Alberneres, Unmännlicheres als diese Gourmet-Schlaffis, die mit Einkaufskörben bewehrt über den Wochenmarkt schlendern, hier ein Stück Käse probieren, dort an einer Avocado herumquetschen? Echte Männer, so fürchte ich, können nicht kochen. Echte Männer kokettieren damit, dass sie vielleicht ein Spiegelei zustande bringen, aber nur an guten Tagen. Oder das Schlemmerfilet von Iglo.

Das Image des Nichtkochers ist also nicht schlecht – übrigens schon deshalb nicht, weil man sich immer zum Essen einladen lassen kann, ohne eine Gegeneinladung folgen lassen zu müssen. Schwerer haben es wir Köche – oder eher Kochsimulanten, die so tun, als beherrschten sie das perfekte Anbraten der Kalbsmedaillons in Traubenkernöl. Unsere Hochstapelei kann eine Weile gut gehen, aber irgendwann kommt die Wahrheit ans Licht. Irgendwann stellt eine Hausfrau eine ganz einfache Frage (»Wie lange lässt du eine Lammkeule im Ofen?«) und wir stehen auf dem Schlauch. Eine Stunde? Zwei Stunden? Vier Stunden? Keine Ahnung. Es gibt aus dieser Krise nur einen Ausweg. Wir bekennen uns zu unserer Ahnungslosigkeit. Wir belegen einen Kochkurs.

In den meisten Fällen wird ein solcher Kurs ja nicht freiwillig angetreten. Man braucht gute Freunde, die ganz scharf darauf sind, sich an der Unwissenheit des vermeintlich versierten Freizeitkochs zu ergötzen und den Delinquenten zu einem Kurs einladen wollen – als Geburtstags- oder womöglich Hochzeitsgeschenk. Was die großzügigen Spender oft nicht bedenken: Sie selbst müssen auch mitmachen. Und das ist hart. Denn vor dem Kochlehrer sind alle gleich. Hier zählt nicht, wer die eleganteren Designeranzüge trägt (alle sind mit weißen Schürzen und Kochmützen ausgestattet), wer viel versprechende Aktien besitzt (gähn) oder im Urlaub auf den Malediven war (jetzt nicht, ich muss mich auf das Rösti konzentrieren). Ja, ein Abend in einer Kochschule ist von einer Atmosphäre der Ehrlichkeit geprägt: Ich kann es nicht, du kannst es auch nicht. Aber vielleicht kann ich es besser nicht als du?

Wer die Kochschule betritt, wird gleich geblendet vom branchenüblichen Alu- und Stahlambiente: Herde, Töpfe, Pfannen – alles strahlt und blitzt wie im Fernseh-

Kochstudio, und man hat das Gefühl, dass jetzt sofort Herr Biolek um die Ecke kommt und Schalotten hacken will. Es kommt aber nur Herr Harald, der Kochlehrer. Herr Harald ist ein sympathischer Mann, von dem man gerne etwas lernen will, was sich bekanntlich von den wenigsten Lehrern sagen lässt. Und so gehen wir zuversichtlich an die Arbeit, auch wenn der erste Gang relativ kompliziert klingt: Gedämpfter Saibling mit Kräutervinaigrette auf Feldsalat.

Also, los! Wolfgang, der noch nie in seinem Leben etwas anderes gekocht hat als harte Eier, muss den Feldsalat putzen, das entspricht seinen Fähigkeiten und Ambitionen als Küchenmeister. Anke nimmt ihren Sohn Henri (1) auf den Schoß und die beiden panschen Balsamico, Olivenöl und gehackte Kräuter zu einer Vinaigrette zusammen, was beide glücklich macht. So weit ist alles in Ordnung. Doch nun müssen Claudius, Michael und ich den Saibling filetieren. Man ignoriert solche Rezepte ja normalerweise, in denen derart schwierige Handgriffe verlangt werden. Filetieren! Herr Harald macht es uns vor: Man drückt den Fisch mit der flachen Hand auf ein Brett, nimmt mit der anderen Hand ein scharfes Messer und schneidet damit parallel zur Rückengräte des Fisches. Alles ganz einfach. Claudius säbelt beherzt los, wobei das Messer alle verfügbaren Gräten zerhackt, die nun wie Stalaktiten aus dem weißen Fleisch ragen. »Lass mich mal ran«, sagt Michael. Mit Fischen kennt er sich aus, schließlich verlangen die Kinder regelmäßig nach Fischstäbchen. Vermutlich werden deshalb seine Filets auch viereckig. Bei mir klappt es halbwegs, wenngleich die abgeschnittenen Stücke eine etwas merkwürdige S-Form aufweisen. Herr Harald nickt mir gütig zu: »Beim nächsten Mal kriegen Sie das schon hin.«

Freizeitköche, wie gesagt, neigen dazu, ihre Fähigkeiten zu überschätzen. Ein Kochkurs bringt ihnen bei, was Demut ist. Und zwar nicht erst beim Filetieren und Flambieren und anderen Tätigkeiten mit hohem Schwierigkeitsgrad. Viel frustrierender ist es, einem echten Koch beispielsweise beim Zwiebelnschneiden zuzusehen. Zackazackazackazack. Fünf Sekunden, fertig. Herr Harald strahlt. Das ist Können. Und wir? Eiern mit dem Messer herum und wischen uns die Tränen aus den Augen.

Zum Glück machen wir uns nun an das Hauptgericht: Spanferkelrücken im Röstimantel. »Röstimantel« – ein blöderes Wort hat die an Idiotismen reiche Kochsprache vermutlich nicht hervorgebracht, bis auf »Knuspermantel« vielleicht, den es in der Kantine manchmal gibt. Röstimantel geht so: Bea muss die Kartoffeln, die Herrn Haralds Assistentin schon geschält hat, mit einer superscharfen Reibe in eine Schüssel raspeln. Wobei der besondere Trick ist, dabei nicht die Finger mit wegzuraspeln. Das ist nicht einfach – übrigens schon deshalb nicht, weil in einer Kochschule erlaubt ist, während des Unterrichts Prosecco und Wein zu trinken, was sich im Laufe des Abends bei den gelehrigen Schülern etwas auf die Konzentration auswirkt. Sind also die Kartoffeln zerkleinert, umhüllt man die angebratenen Schweinemedaillons mit der gesalzenen Kartoffelmasse und legt alles in die Pfanne. Herr Harald beherrscht es virtuos, Bea macht es etwas zaghaft nach. Zisch! Es ist heiß im

Kochstudio, in allen Töpfen und Pfannen brodelt es, aus dem Ofen duftet schon der Apfelstrudel, den die Dessert-Mannschaft in Form zu bringen versucht hat, und Henri robbt über den Boden, um heruntergefallene Salatblätter zu sammeln und aufzuessen.

So idyllisch geht das stundenlang weiter. Ein wenig erinnert ein solcher Abend an längst vergangene Wohngemeinschafts-Zeiten, allerdings ohne die lästige Pflicht, nach dem Kochen abspülen zu müssen. Im Gegenteil: Jetzt wird gegessen, ebenfalls stundenlang. Und getrunken und geraucht und geredet. Bis irgendwann jemand zu mir sagt: »Wie bitte, du kannst kochen …?«

Hilfe, der Haushalt stürzt ab!

Erinnert sich noch jemand an das Super-Silvester 2000? »Millenniums«-Jahreswechsel nannte man das Ereignis ehrfürchtig und schon Monate – ach was: Jahre! – vorher ging der Stress los: Wo soll ich feiern? (New York oder Almhütte?) Wer lädt mich ein? (Wahrscheinlich wieder nur die langweiligen Freunde aus Germering.) Soll ich etwa selbst ein Fest organisieren? (Eher nicht.) Und wenn doch: Was koche ich? (Millenniums-Mousse von geräucherten Edelfischen oder Pizza von Mario?) All diese Fragen waren höchst kompliziert und mussten tage- und nächtelang erörtert werden. Das schlimmste Problem jedoch hatte nichts mit Feiern zu tun, sondern verwies ins Reich der Unwägbarkeiten und Horrorvisionen: das »Computer-2000-Problem«. Würde unsere mikroprozessorengesteuerte Welt den Jahreswechsel überstehen, ohne dass Flugzeuge abstürzten, Aufzüge steckenblieben und alle Laptops dieser Welt den Geist aufgäben? Nicht zu reden von den Allzweck-Küchenmaschinen und Eiswürfelbereitern mit elektronischer Sensor-Kühlung!

Was unseren Haushalt anging, war ich halbwegs optimistisch: Wir wohnen im ersten Stock, das geht auch ohne Aufzug, und eine Reise mit dem Flugzeug hatten wir ohnehin nicht vor. Wo also sollte das Problem liegen? Moment, bitte. Es war nämlich so, dass wir uns fatalerweise tatsächlich dazu entschlossen hatten, unsere besten Freunde, also ungefähr dreißig Leute, einzuladen und so richtig millenniumsmäßig zu bekochen.

Ich schob ein riesiges Roastbeef in den Ofen, dazu gab es Unmengen von Kartoffelgratin und Gemüse. Man trank verschiedene Rotweine. Vorher servierten wir Kürbissuppe, danach irgendein Sorbet. Ganz danach Espresso und Grappa. Was ich damit sagen will: Um das ganze Zeug auf Tellern und in Gläsern unterzubringen, räumten wir sämtliche Bestände an Geschirr (inklusive das olle blaue aus Studententagen sowie das goldgerahmte, das wir als Hochzeitsgeschenk bekommen hatten) aus allen verfügbaren Schränken. Sogar die Zahnputzgläser fanden Verwendung, wir mussten nur die Kalkränder abschrubben.

Die Party war ein ziemlicher Erfolg; sie dauerte bis um fünf Uhr früh und als die letzten Gäste gegangen waren, standen wir vor einem Haufen Geschirr, der so riesig war wie der Münchner Olympiaberg, der früher einmal Müllberg hieß. Trotzdem waren wir nicht wirklich in Aufregung – wozu gibt's denn die Spülmaschine? (Ein Gerät übrigens, dessen Erfinder hundertprozentig einmal in einer WG gewohnt hat.) Komm, wir räumen schnell noch eine Ladung ein und stellen das Ding an!

Die Spülmaschine. Bis jetzt war immer Verlass auf sie gewesen, warum also sollte sie ausgerechnet diesmal streiken? Warum, verdammt noch mal, steht am Neujahrsmorgen das Wasser unten drin und die ersten der etwa 7000 Gläser sind so schmutzig wie wir sie eingeräumt haben? Was tun? Das Grauen packt mich: Müssen wir die gut 20 000 Gläser, Teller, Unterteller, Cognacschwenker, Soßenschalen, Kaffeetassen, Salatschüsseln der vergangenen Nacht per Hand abspülen? Man kann sich an die längst vergangene Zeit der Wohngemeinschafts-Rituale (»Heute spült Flocki ab«) ja kaum mehr erinnern, so lange operieren wir schon mit der besagten Maschine. Und jetzt ist es wieder so weit. Am Neujahrsmorgen ist man Komplikationen gegenüber ohnehin nicht besonders aufgeschlossen, egal welcher Art. Und diese überforderte mich maßlos.

Also: Sofort Siebe auswaschen, in Panik Sprüharme abschrauben, verzweifelt die Gebrauchsanweisung studieren. Nichts. Dann Schuldzuweisungen aussprechen: »Vielleicht hast du wieder kein Salz nachgeschüttet!« – »Hab ich schon. Aber du vergisst doch immer den Klarspüler. Das Teil nippelt ab ohne Klarspüler!« – »Von wegen, erst gestern alles aufgefüllt!« Mist, was ist bloß los mit dieser Maschine? Plötzlich dämmert es mir. Millennium! Das Computer-Chaos! Es ist da.

Heutzutage stecken, wie gesagt, die einfachsten Geräte voller Elektronik. Wasserkocher, Espressomaschinen, sogar unser Dosenöffner ist, so viel ich weiß, vollgestopft mit Mikrochips. Kein Wunder, dass die hoch sensible Spülmaschine, die den technischen Standard eines mittleren Raumschiffs hat und vermutlich von Microsoft-Spezialisten ferngesteuert wird, diesen 2000er-Wahnsinn nicht überlebt.

Wir machen uns also ans Abspülen. Das Wasser kommt noch aus dem Hahn, wenigstens das. Ob das Kühlschranklicht noch funktioniert? Ich werde misstrauisch. Diese mikroelektronische Welt um uns herum – sie hat uns völlig in der Hand! Wir ahnen noch gar nicht, wovon sie schon Besitz ergriffen hat. Die Dunstabzugshaube macht manchmal so komische Geräusche und neulich verweigerte sie völlig ihren Dienst, so dass wir einen Techniker kommen lassen mussten. Techniker? Wahrscheinlich war der von Intel und wechselte das Dunstabzugshaubenprogramm aus, das fanatisierte Freizeitköche vor übertriebener Benutzung des Herdes bewahren soll. Seit kurzem wird das Wasser in der Dusche immer plötzlich von selbst eiskalt. Ferngesteuert? Und dann diese Computer und Laptops – die machen sowieso was sie wofjkxghgl-kyxglkjnmdxgrx

Übrigens, Abspülen ist eine schöne, meditative Tätigkeit. Hatte ich schon fast vergessen.

Onkel Erwin darf nicht kochen

Dies ist die Geschichte einer großen Leidenschaft. Einer Leidenschaft, wie sie heftiger nicht sein könnte, und die umso verzweifelter nach ihrer Erfüllung lechzt, je öfter ihr diese verweigert wird. Es ist die Geschichte meines Onkels Erwin, der so gerne kocht, dass er am liebsten den ganzen Tag zwischen Töpfen, Pfannen und Schneidebrettchen zubringen würde, aber genau das nicht darf. Die Geschichte eines Mannes, der das Wesen der Kochkunst wie kaum ein anderer durchdringt; eines Menschen, der im Angesicht eines Herdes sofort nervös wird und mit flackerndem Blick nach Kochbarem sucht – und der vom Schicksal davon abgehalten wird, diese große Leidenschaft zur Vollendung zu führen.

Mein Onkel Erwin ist sechzig Jahre alt, lebt in einer Kleinststadt in der Nähe von Stuttgart und ist außerordentlich stolz darauf, ein Schwabe zu sein. Wie alle männlichen Mitglieder unserer Familie verspürte er schon früh einen Drang zur Küche und er lebte diesen Drang in wüsten Kochexzessen aus – damals, als er noch Herr über seine Küche war.

Um etwa ein Gulasch zu schmoren, stapelte er – in Ermangelung eines richtigen Dampfkochtopfes – gerne fünf Töpfe übereinander, damit in dem untersten ein ordentlicher Druck entstehe. Gab es dazu Kartoffelknödel, benutzte er fürs Schälen, Kochen, Zerstampfen, Mehlen, Formen sowie Abtropfen praktisch den gesamten Bestand an Tellern, Schüsseln und Platten, der in der Wohnung aufzutreiben war. All das verschmierte Geschirr verteilte er zwanglos in der Küche, kein Zentimeter war nach der Knödel-Zubereitung mehr frei, deshalb stapelte er die Gefäße für Salat, Soße und sonstige Beilagen einfach über das andere Zeug. Abspülen? Lähmt nur die Kreativität. Und wozu gibt's die Ehefrau? Jetzt muss sie schon nicht kochen, da kann sie doch … Während Onkel Erwin sich nach gelungenem Mahl zurücklehnte, eine Zigarette anzündete und bereits über das nächste Menü nachsann, kämpften Frau und Kinder verzweifelt gegen das Chaos in der Küche.

So ging das jahrzehntelang weiter, jeden Sonntag verwandelte Onkel Erwin die Küche in ein Schlachtfeld. Es schmeckte zwar immer ausgezeichnet, doch in seiner Familie, vor allem im Eheweib, kochte die Wut. An einem dieser Sonntage muss in dieser Frau der finstere Plan gereift sein, den Mann aus der Küche zu verbannen, egal wie!

Nun hat die Gattin, sie heißt Anita, nicht grundsätzlich etwas gegen das Kochen und schon gar nichts gegen die bodenständigen Gerichte ihrer Heimat. Wie alle schwäbischen Hausfrauen verfügt sie über ein fest gefügtes Weltbild, dessen zwei wichtigste Komponenten sind: Spätzle und Kartoffelsalat. Das bedeutet erstens: Spätzle werden vorschriftsmäßig vom »Spatzenbrett« heruntergeschabt, was jahrelange Erfahrung und höchstes Geschick erfordert; modischen Schnickschnack wie automatische Spätzlehobel lehnt sie entschieden ab. Zweitens: Der Kartoffelsalat muss sehr klein geschnitten und mit Senf und Fleischbrühe zu einer solchen

Konsistenz gebracht werden, dass es richtig schmatzt, wenn man einen Schöpflöffel davon aus der Schüssel nimmt. Im schwäbischen Idiom heißt das: »Der Salat muss schwätze!«

Kochen ist für Anita also völlig in Ordnung. Aber: »Mach koi Sauerei!« Jedesmal sagte sie es wieder. Mit warnendem Unterton. Vergeblich. Anita gehört zu jener Sorte Frauen, die schon um halb acht Uhr morgens mit dem Staubsaugen beginnen und deren Wohnzimmersessel man vor 24 Jahren zum letzten Mal gesehen hat, weil seitdem Schutzdecken darüber hängen, um das gute Polster zu schonen. Dreck, Staub, Fettflecken und dergleichen bereiten ihr körperliche Schmerzen, auf einer Wäscheleine hängende Hemden lösen in ihr augenblicklich einen Bügeltrieb aus, den nichts und niemand stoppen kann. Versteht sich, dass die Küche – vorausgesetzt, Onkel Erwin hat nicht gewütet – in einem Zustand makelloser Reinheit ist und stets dezent nach Desinfektionsmitteln duftet.

Die Küche! Onkel Erwin hätte hellhörig werden müssen, als Anita eines Tages beiläufig fragte, ob er denn nicht auch fände, dass die Küche langsam veraltet sei, und ob er nicht auch manchmal von einem ganz neuen Modell träume; mit Umluftherd und Ceran-Kochplatten und riesigem Gefrierschrank und überhaupt allen Schikanen? Onkel Erwin war völlig hingerissen; einen so wunderbaren Vorschlag hatte seine Frau, so weit er sich erinnern konnte, überhaupt noch nie gemacht. Logisch werde er den Aufbau übernehmen, klar fahre er die alte Küche selber auf den Sperrmüll. Und das Geld? Man hatte kürzlich eine kleine Erbschaft gemacht. Besser gesagt: Anita hatte sie gemacht; ihre Tante war gestorben, nicht seine. Daran hätte Onkel Erwin denken sollen.

Nach zwei Monaten kam die neue Küche. Onkel Erwin wollte alles selbst zusammenschrauben – »des Geld sparet mir ons!« Sofort legte er los; zärtlich streichelte er den Geschirrspüler, untersuchte dessen vollelektronische Programmsteuerung, bewunderte den Aqua-Sensor und das Softline-Design. Aaah, und erst die Kühl-Gefrier-Kombination mit Superfrostschaltung und das Mikrowellengerät mit neun Leistungsstufen! Onkel Erwin ist nicht nur leidenschaftlicher Koch, sondern auch Heimwerker aus Überzeugung; etwa eine Woche brauchte er, um alle Einbauten zu installieren, und während er schraubte und klebte und dübelte, hatte er die schönsten Visionen: von Straßburger Fasan mit Gänseleber und Pariser Lammbraten und Fischsuppe aus der Normandie. Von all den Köstlichkeiten der französischen Küche also, die er bald hier zubereiten würde, und deren Duft er schon jetzt in der Nase zu spüren glaubte.

Einige Monate bevor die neue Küche geliefert wurde, hatte Onkel Erwin nämlich einen französischen Kochkurs absolviert, den die Volkshochschule des Nachbarortes veranstaltete. Dort entdeckte er die Haute Cuisine für sich. Das bedeutet: Soßen waren jetzt Saucen und statt Schokoladenpudding gab es Mousse au Chocolat mit Unmengen an Puderzucker, geschlagenem Eiweiß, Kirschwasser, Sahne und drei verschiedenen Schokoladensorten. Auch die einfachsten Dinge verfeinerte er auf das Allerspeziellste, sogar in den Kartoffelbrei mischte er stets ein Eigelb. Und gerne würzte er seine Rezept-Schilderungen mit einem weltläufigen: »Compris?«

Jetzt also sollte es losgehen. Onkel Erwin hatte sich ein besonders extravagantes Gericht ausgesucht, mit dem er die neue Küche einweihen wollte: Ente auf Bordelaiser Art mit Oliven und Steinpilzen. Es war ein Samstagmorgen und gleich nach dem Frühstück setzte er sich an den Küchentisch, um die Unmenge an Zutaten aufzuschreiben, die er auf dem Markt der Kleinststadt einkaufen wollte. Da sagte Anita beiläufig: »Heute koch ich. Es gibt Linsen und Spätzle.« Und auf seinen entsetzten Blick hin: »Du kochst hier gar nimmer. Des is mei Küch, die lass i mir ned versaue!«

Onkel Erwin wusste sofort: Das ist das Ende. Mit einem Schlag wurde ihm klar, dass er es hier nicht mit einer Laune seiner Frau, sondern mit einem lange eingefädelten Coup zu tun hatte. Der wundersame Vorschlag, die Erbschaft – natürlich. Sollte er sich wehren? Sicher, er hätte seine noch rudimentär vorhandene Autorität als Familienoberhaupt ausspielen und auf der Benutzung der Küche bestehen können. Aber wozu? Sollte er für sich alleine kochen? Wie für alle ambitionierten Freizeitköche ist für Onkel Erwin das Essen zwar weit weniger wichtig als das Kochen, ja, bei einem mehrgängigen Menü empfindet er die Esserei vor allem als störende Unterbrechung der Küchentätigkeit. Aber ganz ohne Mit-Esser ging es irgendwie auch nicht. Die Kinder steckten mit der Mutter unter einer Decke, das stand fest. Was also sollte er tun? Onkel Erwin fügte sich in sein Schicksal wie ein Drogensüchtiger, dem der Therapeut den kalten Entzug verordnet hat.

Es folgten Jahre der Bitterkeit und der schlaflosen Nächte, in denen Onkel Erwin an maßlose Kochorgien dachte und deren noch maßlosere Version, war er endlich eingeschlafen, anschließend träumte. Und selten, aber doch regelmäßig gingen seine geheimen Wünsche in Erfüllung, wenn er seine Verwandten in München besuchte und von der ersten Minute an deren Küche in Beschlag nahm. Inzwischen hatte er sich in seiner Demut sogar angewöhnt, während des Kochens sämtliche herumstehenden Töpfe und Pfannen abzuspülen und wieder in den Schrank zurückzustellen, so dass es die pure Freude war, sich von diesem Mann ein Menü servieren zu lassen, selbst wenn der vierte Gang »Blutwurst auf Burgunder Art« war.

Irgendwann hatte Anita von dieser neuen Perfektion gehört. Es muss ein selten harmonischer Abend gewesen sein, als sie Onkel Erwin anbot, ein – aber nur ein einziges Mal – ihre Küche benützen zu dürfen. Allerdings nur unter einer Bedingung: Um all die schrecklichen Fettspritzer zu bändigen, unter denen sie jahrelang gelitten hatte, sollte er die gesamte Küche, vor allem Herd und Spüle, mit Packpapier abkleben, bevor er mit dem Kochen anfing.

Onkel Erwin – was soll ich sagen? Er machte es. Holte Packpapier und Tesa Krepp aus dem Keller und klebte säuberlich Hängeschränke, Spüle und sogar die Herdplatten ab. Letzteres hätte er nicht tun sollen. Denn natürlich kam es, wie es kommen musste: Beim Flambieren der Brombeer-Crêpes spritzte das Fett neben die Pfanne, das Papier fing Feuer und sofort stand die Küche in Flammen. Nur kurz allerdings, denn Anita war schon auf das Schlimmste vorbereitet und hatte Decken sowie volle Wassereimer bereitgestellt – also all das getan, was sie kürzlich beim Sofortmaßnahmen-Kurs der Aktion »Das Sichere Haus« gelernt hatte. Innerhalb von zwanzig Sekunden war der Brand gelöscht. Von ihr. Onkel Erwin starrte solange fassungslos auf seine Brombeer-Crêpes und beobachtete, wie der Likör verdampfte und der Teig sich langsam schwarz färbte.

Seitdem sind wieder viele Jahre vergangen. Anita hat mehrere hundert Stunden damit zugebracht, die Brandflecken in der Küche mit chemischen Mitteln zu bekämpfen, und sie ist sehr stolz darauf, dass sich langfristig Erfolge einstellen. Und Onkel Erwin? Nun, die ersten Monate nach der Katastrophe durfte er das Wort Kochen nicht in den Mund nehmen und zwang sich auch selbst zur Zurückhaltung – wie ein Triebtäter, der seine verhängnisvolle Neigung bändigen will. Aber mit der Zeit stellte sie sich wieder ein, die unbezähmbare Leidenschaft, gegen die sowohl er als auch seine Mitmenschen machtlos sind. Inzwischen hat er sich sogar eine eigene Mini-Küche eingerichtet. Im Keller. In einem kleinen Nebenraum, wo die alte Waschmaschine und die Skier stehen. Einen alten Elektroherd vom Sperrmüll hat er sich angeschlossen, einen wackeligen Tisch zum Gemüseputzen aufgestellt.

Und jetzt kocht er wieder, ganz alleine, ganz für sich. Und träumt dabei von einer großen Gesellschaft, die seine Menüs beklatscht, und von einer Familie, die gerne seinen Heldengeschichten von der Küchenfront zuhört. Und von einer opulenten Platte mit einem Ardenner Fasan, dessen Duft das ganze Haus erfüllt.